Das Persona-Prinzip

Stefan Rippler

Das Persona-Prinzip

Erfolgreiches Recruiting mit Candidate Personas

Stefan Rippler
Wertheim, Deutschland

ISBN 978-3-658-38978-9   ISBN 978-3-658-38979-6   (eBook)
https://doi.org/10.1007/978-3-658-38979-6

Die Deutsche Nationalbibliothek verzeichnet diese Publikation in der Deutschen Nationalbibliografie;
detaillierte bibliografische Daten sind im Internet über http://dnb.d-nb.de abrufbar.

Planung/Lektorat: Stefanie Winter
Springer Gabler ist ein Imprint der eingetragenen Gesellschaft Springer Fachmedien Wiesbaden GmbH
und ist ein Teil von Springer Nature.
Die Anschrift der Gesellschaft ist: Abraham-Lincoln-Str. 46, 65189 Wiesbaden, Germany

Danksagung und Hinweise

Der Autor dankt den vielfältigen Unterstützenden dieses Projekts, insbesondere den Interviewpartnerinnen und Interviewpartnern für die fachkompetenten Auskünfte. Mein besonderer Dank geht an Annalena Armoneit, Branko Woischwill, Regina Grein und Vera Neeten für die redaktionelle Zuarbeit sowie an Nora Sachs-Rippler für die Formatierung.

Beim Schreiben des Buches hat der Autor wo möglich gegendert. Falls es wider Erwarten vereinzelt nicht gegendert sein sollte, gelten sämtliche Personenbezeichnung für alle Geschlechter gleichermaßen – also männlich, weiblich und divers (m/w/d).

Der Autor ist Gründer des Persona Instituts, das sich mit der Erstellung von datenbasierten Personas auf Grundlage von wissenschaftlich erhobenen Umfragedaten spezialisiert hat. Auf dem Blog des Persona Instituts finden Sie weiterführende Inhalte und ggf. Aktualisierungen der Inhalte dieses Buches. Sie erreichen das Blog unter der Adresse: https://www.persona-institut.de/blog.

Inhaltsverzeichnis

1

Customer Centricity im Recruiting: Warum Sie Personas brauchen

Der Arbeitsmarkt wandelt sich rasant – zum „Bewerbermarkt". Digitalisierung und Fachkräftemangel treffen auf eine Generation, die andere Prioritäten setzt als die vorangehenden: Das Gehalt verliert an Bedeutung: Geld spielt nicht mehr die Hauptrolle bei der Entscheidung für oder gegen einen neuen Arbeitgeber. Das Paket an Erwartungen an einen attraktiven Arbeitgeber wird immer größer: Flexible Arbeitszeitmodelle, Remote-Arbeit, Job-Life-Balance, ökologischer Fußabdruck und Unternehmenskultur zählen viel mehr.

Das führt dazu, dass sich immer öfter nicht die Arbeitnehmer um eine Stelle bewerben, sondern die Unternehmen um Kandidaten – besonders bei hochqualifizierten Arbeitnehmern, besonders umkämpften Branchen oder besonders beliebten Stellenprofilen. Gute Kandidaten haben viele Optionen und wägen gut ab, welche ihnen am meisten bringt.

Eine Folge: für Unternehmen reicht es nicht mehr aus, für Vakanzen eine Stellenanzeige zu schalten und auf Bewerbende zu warten. Vielmehr gilt es, Kandidatinnen und Kandidaten dort abzuholen, wo sie täglich unterwegs sind, sie zu binden und aus einem Bewerbungsprozess

© Der/die Autor(en), exklusiv lizenziert an Springer Fachmedien Wiesbaden GmbH, ein Teil von Springer Nature 2022
S. Rippler, *Das Persona-Prinzip*, https://doi.org/10.1007/978-3-658-38979-6_1

ein einmaliges Erlebnis zu machen. Ein Ansatz, der genau das möglich
macht, nennt sich „Candidate Centricity".

1.1   Was ist Candidate Centricity?

Der Begriff ist eine Abwandlung des in den 80er-Jahren von Peters und
Watermann eingeführten Konzepts der Customer Centricity [1], das
als Schlüsselfaktor für den Unternehmenserfolg identifiziert wurde:
Die Ausrichtung aller Prozesse, Produkte oder Dienstleistungen an den
Bedürfnissen der Kunden. Customer Centricity wurde damals wichtig,
weil Konkurrenzdruck, Globalisierung, steigende Transparenz und
andere Faktoren zu einem gesteigerten Selbstbewusstsein der Kunden
und damit zu verändertem Konsumverhalten führten: Kunden konnten
auf einmal sehr viel einfacher als früher den Anbieter wechseln, was die
Unternehmen zwang, auf die Kundenerwartungen einzugehen, um die
Kunden langfristig zu binden.

   Dasselbe gilt heute für den sich zum „Bewerbermarkt" wandelnden
Arbeitsmarkt. Es herrscht eine hohe Transparenz bezüglich der Arbeitsbedingungen – dank Arbeitgeberbewertungsportalen wie kununu.com
und Co. Selbstbewusste Arbeitnehmer scheuen nicht davor zurück,
Mitarbeitende des potenziellen Arbeitgebers direkt über LinkedIn,
XING oder ähnliche Plattformen auf ihre Erfahrungen mit dem Arbeitgeber anzusprechen. Ebenso wenig scheuen selbstbewusste Arbeitnehmer, den Arbeitgeber zu wechseln, wenn der bisherige nicht den
eigenen Vorstellungen entspricht.

   Candidate Centricity heißt, dass das Unternehmen sich nach den
Kandidaten und ihren Bedürfnissen ausrichtet: Im Recruiting, im
Onboarding, im Employer Branding. Nur dann gelingt es, in einem
Bewerbermarkt, erfolgreich sehr gute, zum eigenen Unternehmen
passende Kandidaten zu rekrutieren und langfristig an sich zu binden
– Candidate Centricity muss folglich zum integralen Bestandteil der
Unternehmensstrategie werden.

Die Bausteine der Candidate Centricity Um Candidate Centricity
erfolgreich umzusetzen, muss das Unternehmen zunächst herausfinden,

was der oder die Kandidat/in möchte und braucht. Dazu benötigt das Unternehmen eine Vorstellung davon, wer sich wahrscheinlich auf die offene Stelle bewerben wird. Eine gute Option dafür ist das Erstellen einer datenbasierten Candidate Persona: eine fiktive Person, die den Wunschkandidaten abbildet. Die Candidate Persona enthält das „Anforderungsprofil" aus den klassischen Stellenanzeigen, geht aber weit darüber hinaus, denn sie erfasst auch Privates.

Mittels Candidate Persona kann das Unternehmen dann die Kandidat/innen clustern und eine sehr genaue Vorstellung davon erhalten, wer sich bewerben wird und was diese Person erwartet, braucht und möchte. Die Kandidat/innen wiederum können sich mit der Candidate Persona vergleichen und daraufhin entscheiden, ob sie sich zur Bewerbung entschließen. Um genau diese Candidate Personas drehen sich die folgenden Kapitel – sie verraten, wie solche Personas entstehen, aus welchen Daten, wie viele davon Unternehmen brauchen und wie es nach der Persona-Erstellung weitergeht.

Targeting: Kandidat*innen erreichen, die der Candidate Persona entsprechen Wenn die Zielgruppe mittels Candidate Persona definiert ist, gilt es, diese auch zu erreichen. Im Gegensatz zur klassischen Stellenanzeige, die zwar viele Menschen erreicht, aber hohe Streuverluste mit sich bringt, konzentriert man sich mit Targeting darauf, einen kleineren Personenkreis zu erreichen, aber dafür den richtigen – und zwar dort, wo sie sich tagtäglich bewegen: in Social Media Netzwerken über Messengers bis hin zu Kleinanzeigenmärkten, Zeitschriften, Blogs und Co. – und das in dem konkret für sie passenden Sprachstil und dem dazugehörigen Tone of Voice. Das schließt auch Personen ein, die vielleicht gar nicht aktiv nach einer neuen Stelle suchen, aber für Veränderungen offen sind. Das Unternehmen bei diesen Personen bekannt zu machen, ist langfristig von Vorteil – denn so schafft man es als Unternehmen dann, wenn diese Personen auf Stellensuche sind, schon mal in deren Mindset vorgedrungen zu sein. So ist man vielleicht eine der ersten Anlaufstellen für diese Jobsuchenden.

Das suchende Unternehmen sollte die potenziellen Kandidat/innen über die per Candidate Persona ermittelten Kommunikationskanäle ansprechen. Das kann, muss aber nicht eine klassische Stellenanzeige beinhalten. Wichtig sind in diesem Zusammenhang die folgenden Fragen: In welchem Ton möchte eine Person, die der Candidate Persona nahekommt, angesprochen werden? Eher formell oder eher informell? Sollte das Unternehmen die Kandidat/innen duzen oder siezen? Welche Buzzwords funktionieren bei der Zielgruppe? Idealerweise hat die gesuchte Person beim Lesen das Gefühl, persönlich angesprochen zu sein. Die verwendeten Bilder und das Design spielen in dem Zusammenhang eine (fast) ebenso wichtige Rolle, wie die Ansprache.

Gerade für große Firmen oder schwierig zu besetzende Stellen spielt das Retargeting per Cookies eine wichtige Rolle: Bei den potenziellen Kandidat/innen im Gedächtnis zu bleiben, führt auf lange Sicht zu mehr erfolgreichen Bewerbungen. Nicht jeder, der oder die eine passende Stelle sieht, ist in diesem Moment bereit für einen Wechsel. Wenn das Unternehmen aber präsent bleibt, ist die Wahrscheinlichkeit hoch, dass dann, wenn die Person bereit ist, sie sich an das Unternehmen wendet.

Vom Interesse zur Bewerbung Im Idealfall wird sich eine zunächst nur interessierte Person durch gutes Targeting und Retargeting früher oder später bewerben. Auch in diesem Prozess ist es sehr wichtig, dass die Ansprache zielgruppengerecht und konsistent bleibt. Das suchende Unternehmen erzielt die besten Ergebnisse, wenn es sich authentisch zeigt: Echte Bilder vom potenziellen Arbeitsplatz und den Kollegen machen einen deutlich besseren Eindruck als Stockfotos, auch wenn in der Realität nicht immer alles und jeder oder jede perfekt aussieht.

Es ist wichtig, der interessierten Person auf einer geeigneten Plattform weiterführende Information zu bieten. Der Fokus liegt dabei auf „geeignet": Eine Plattform, die die Candidate Persona gerne nutzt. Je nach Zielgruppe ist zum Beispiel eine Microsite mit Text- Bild- und Videomaterial, Live-Berichten aus dem Unternehmen und Statements von aktuellen Mitarbeitern eine gute Option.

Wenn die weiterführende Information praktisch, lebensnah und transparent ist, erhöhen sich die Chancen, dass sich eine geeignete Person bewirbt. Konkrete Angaben zu Arbeitszeitmodell, Einsatzort und flexible Optionen, Unternehmenskultur und Weiterbildungsmöglichkeiten sind den Young Professionals heute genauso wichtig wie oder wichtiger als ein hohes Gehalt.

Auch, wenn die höchste Hürde für das Unternehmen genommen ist und sich eine interessierte Person tatsächlich bewirbt, ist es wichtig, dass die sich bewerbende Person mit ihren Bedürfnissen den ganzen Prozess über im Mittelpunkt steht – Candidate Centricity muss sich durch alle Schritte der Candidate Journey durchziehen, um erfolgreich zu sein. Weiterhin sollte der Prozess in sich konsistent sein, damit der oder die Bewerbende dabeibleibt. Eine Firma, die beispielsweise mit einer sehr informellen Ansprache beim Targeting in den sozialen Medien eine bestimmte Zielgruppe zur Bewerbung gebracht hat, wird genau diese Zielgruppe „erschrecken", wenn die Kommunikation im Bewerbungs-prozess auf einmal sehr formell oder langsam abläuft und der Prozess selbst per E-Mail mit vielen Anhängen oder komplizierten Formularen abläuft. Ein kandidatenzentrierter Bewerbungsprozess sollte einfach und von überall per Smartphone möglich sein. Darüber hinaus ist eine feste, verlässlich erreichbare Ansprechperson wichtig, die über den CV der sich bewerbenden Person gut Bescheid weiß, damit diese sich gut betreut fühlt. Eine Fragerunde oder ein Treffen der Kandidat/innen mit aktuellen Mitarbeitern hinterlassen einen noch besseren Eindruck.

Ein Unternehmen, das Candidate Centricity richtig angeht, erarbeitet sich ein positives Employer Branding. Selbst wenn sich ein/e Kandidat/in am Ende anders entscheidet, kann ein positives Employer Branding dazu führen, dass diese Person die Firma weiterempfiehlt oder sich zu einem späteren Zeitpunkt erneut bewirbt.

Candidate Centricity erfordert ein hohes Niveau an interner Koordination, eine überzeugte Geschäftsführung, eine kompetente Personalabteilung sowie ausreichendes Budget und technische Voraus-setzungen – aber es lohnt sich, denn auf lange Sicht, gehen die besten Kandidat/innen zu den Unternehmen, die Candidate Centricity leben.

1.2 Was sind Candidate Personas?

Eine Persona ist ein Stereotyp, der eine bestimmte Zielgruppe vertreten soll. Anhand eines Steckbriefs lässt sich das Profil der Persona ablesen.

Ein klassischer Persona-Steckbrief für Bewerbende enthält einen Namen – zur besseren Identifikation, das Alter, den Wohnort und den Familienstand der Persona. Aber auch Interessen, Werte, Charakter und Konsumgewohnheiten werden oft benannt.

Hier zeigt sich der Unterschied zur „normalen" Zielgruppenbeschreibung. Personas sind Stellvertreter für Zielgruppen – Personas für Bewerbende heißen „Candidate Personas". Die Candidate Persona deckt nicht die ganze Zielgruppe und ihre Eventualität ab, sondern bringt die wichtigsten Merkmale in einem Stellvertreter auf den Punkt. Zudem lässt die Persona ein Bild in den Köpfen der Recruiter, der HR Business Partner, der Führungskräfte entstehen – ein und dasselbe Bild der oder des gesuchten Kandidat/in. Das nachstehende Beispiel verdeutlicht das:

> Den 34-jährigen Marcus, der mit seiner Frau in einer Eigentumswohnung wohnt und für einen bekannten Automobilkonzern arbeitet, können wir uns besser vorstellen als eine Zielgruppe mit folgenden Merkmalen: 30–45 Jahre, obere Mittelschicht bis Oberschicht, verheiratet, hohe Bildung.

1.2.1 Informationen, die eine Candidate Persona enthält

- Ein Bild der repräsentierenden Person, die somit ein Gesicht bekommt

Demografische Daten

- Alter
- Geschlecht
- Wohnort
- Familienstand
- Beruf
- Einkommen

Außerdem

- Persönlichkeitsmerkmale: Charaktermerkmale der Persona (schüchtern oder extrovertiert, aktiv oder passiv)
- Bevorzugte Medienkanäle: Informationskanäle vom Arbeitgeber
- Needs: Wünsche und Ziele der Persona
- Gains: Ziele, Träume: Was strebt die Persona bei Bewerbungen an?
- Pains: Wo sieht die Persona Verbesserungsbedarf oder was hindert sie an einer Bewerbung?
- Kernbedürfnis der Persona, ideale Arbeitsbedingungen (vgl. Verhoeven 2020, S. 71) [2] (Abb. 1.1)

Dieser kurze Abriss zeigt: Eine Persona ist spezifischer, genauer als eine Zielgruppe. Marcus ist greifbarer – wir können nachvollziehen, warum er sich bewirbt. Das Ziel einer Persona: Die Zielgruppe wird greifbar – man kann sich in sie hineinversetzen.

Candidate Personas helfen dabei, das Verständnis für den Bewerber zu verbessern – oder noch mehr: jeden Recruiting- und Employer-Branding-Schritt aus der Sicht des Bewerbenden zu sehen und zu hinterfragen, ob das, was ich als Recruiter gerade tue, am Ende auf die Bedürfnisse des Bewerberenden einzahlt. Personas machen Candidate Centricity erst möglich – ob beim Texten der Stellenanzeige, Videos produzieren, beim Podcasten, beim Social Media Marketing, im Bewerberservice oder in der Nutzerführung im Karrierebereich der Unternehmenswebseite.

Praxis-Beispiel Tim Meyer

Name: Tim Meyer
Alter: 27
Familienstand: ledig
Beruf: IT-Architekt
Hobbys: Bergsteigen
Persönlichkeit: introvertiert
Medienpräferenz: traditionelle Werbung
Erwartungen: Work-Life-Balance
Wünsche: berufliche Entscheidungsfreiheit
Ziele: Klimaschutz am Arbeitsplatz
Abneigungen: Micro-Management

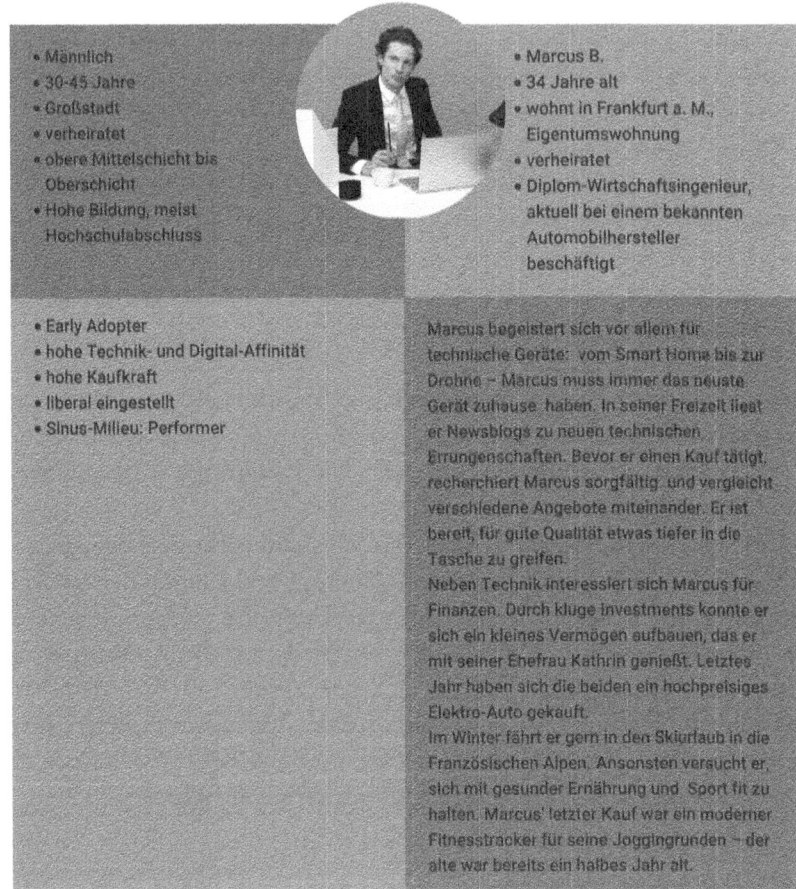

Abb. 1.1 Unterschied Persona vs. Zielgruppe

Wenn Sie mit diesen oder ähnlichen Kriterien ein Bewerber-Profil erstellen, können alle HR-Abteilungen besser verstehen, mit welchen Texten in welchem Medium und welchen Benefits man geeignete Kandidaten erfolgreich anspricht.

Candidate Personas: Was sie beinhalten, wobei sie helfen und erste Schritte

Was beinhalten sie?
Zu den wichtigsten Daten gehören:

- Name und Foto: Wie sieht der passende Kandidat aus? Welchen Namen hat er/sie?
- Persönliche Daten: Hierzu zählen beispielsweise Alter, Familienstand, Beruf sowie Hobbys
- Persönlichkeit: Ist jemand eher zurückhaltend oder extrovertiert?
- Medienpräferenz: In welcher Weise sollte der Kandidat am besten angesprochen werden? Welche Medien werden bevorzugt? Welche Botschaften werden gut ankommen?
- Erwartungen: Welche Wünsche hat der Bewerber an die Firma?
- Ziele: Welche Ziele verfolgt der Bewerber bei seiner Karriere?
- Abneigungen: Was sollten Führungskräfte möglichst vermeiden?

Woher kommen die Daten?
Für Candidate Personas können Sie Daten aus repräsentativen Studien heranziehen, anonymisierte Daten aus bereits eingegangenen Bewerbungen oder von Kandidaten, mit denen Sie bereits erfolgreich Stellen besetzt haben, sowie Daten aus Vorstellungs- oder Ausstellungsgesprächen nutzen. Zusätzlich können eigene qualitativ orientierte Erhebungen hilfreich sein, beispielsweise offene und/oder strukturierte Interviews mit Zielgruppenvertretern. Schrittweise kristallisiert sich ein Bild von Bewerbenden heraus, das dann in datenbasierten Persona-Sedcards auf den Punkt gebracht wird.

Zentrale Herausforderung ist hierbei, die Daten stets aktuell zu halten und hinsichtlich ihrer Gültigkeit zu hinterfragen. Ein Weg ist, aktuelle Mitarbeiter sowie Bewerbende hinsichtlich ihrer Charakteristika zu befragen: Was waren die Motive für die Mitarbeit? Was waren die Motive für die Bewerbung? Welche Medien werden bevorzugt und wie wurde bisher mit dem Unternehmen kommuniziert?

Für diese strukturierten Befragungen ist es sinnvoll, spezielle Arbeitsteams zu bilden, die sich konkret mit solchen Analysen beschäftigen. Aber auch eine Literaturrecherche ist ratsam (Vgl. Verhoeven 2020, S. 71 [2]).

Was kann man in der Praxis mit den Daten machen?
In Zeiten von Fachkräftemangel sollten Stellenanzeigen besonders sorgfältig geschrieben, gestaltet und verbreitet werden. Mit Standard-Floskeln oder Business Buzzwords lockt man niemanden hinter dem Ofen hervor. Jobsuchende und Bewerbende wollen sich direkt in Stellenanzeigen wiederfinden, sie wollen mit ihren Wünschen und Erwartungen verstanden werden. All dies können Sie mit Candidate Personas leisten – und noch viel mehr. Schauen wir auf das Beispiel Tim Meyer. Wir wissen, welche Wünsche, Ziele und Medienpräferenzen er hat. Mit diesen Daten können Sie eine Stellenanzeige in konkret passenden Medien platzieren – also abseits von Stellenbörsen, etwa auf Social Media oder in Blogs. Und Sie können eine Stellenbeschreibung genau so formulieren, dass sie Tim bzw. die Zielgruppe anspricht. Und damit erhöhen sich die Chancen nicht nur für Awareness oder Consideration, sondern für Preference und Action. Oder anders formuliert: Der Zielgruppenvertreter bewirbt sich.

1.2.2 Durchstarten mit Active Sourcing

Mit den Persona-Daten bzw. den Sedcards können Sie direkt im Active Sourcing durchstarten. Das bedeutet: Auf digitalen Plattformen wie LinkedIn, Xing sowie auch Instagram oder Researchgate können Sie genau nach solchen Profilen suchen, die ideal zu ihren datenbasierten Candidate-Personas passen. Schauen wir auf das Praxis-Beispiel Tim Meyer: Er ist auf Xing unterwegs und zweifellos findet man über die Suchfunktion sehr ähnliche Profile, die in gleicher Weise Ziele und Wünsche teilen. Auch können Sie zunächst gröber bei der Suche vorangehen, um dann auf der Basis der Xing-Aktivitäten der einzelnen Profile zu erkennen, welche Person der Idealvorstellung von Tim Meyer besonders nahekommt.

Damit Personas ihre Aufgabe erfüllen können, ist eines fundamental: Sie müssen datenbasiert sein. Personas haben also nichts mehr mit Bauchgefühl zu tun, wie noch Anfang der 1990er Jahre, als man sich mit möglichst vielen Stakeholdern zu Persona-Workshops traf, und dort bestenfalls basierend auf Erfahrungen aus direktem Bewerberkontakt an Flipcharts mit Zeitschriftenausschnitten fiktive Personas zusammengestellt hat.

Zu Beginn der 2000er-Jahre begann die Entwicklung, Personas mit Daten zu fundieren – entstanden aus Fokusgruppen, Einzelgesprächen oder Umfragen. Heutzutage basieren Personas am besten auf quantitativen und möglichst repräsentativen Daten – aus einer Kombination von Studien, eigener Marktforschung sowie aus bereits vorhandenen Bewerbendendaten (Analytics, CRM-System, Personaldaten, ...). Den Anfang machen in der Regel Proto-Personas.

1.2.3 Proto-Personas: Intuitives Zielgruppenverständnis schaffen

Proto-Personas, auch Adhoc-Personas oder Minimal Viable Personas (MVP) genannt, sind nicht-empirische Personas: einfache, reduzierte Steckbriefe, die auf Erfahrungen mit Bewerbenden und der Rücksprache mit den Fachabteilungen basieren.

Falls noch keine datenbasierten Personas erstellt wurden, bietet es sich an, mit Proto-Personas zu beginnen: Das schafft zunächst einmal ein einheitliches Bild der adressierten Zielgruppe(n) bei allen Beteiligten. Zum zweiten entstehen Erstaussagen, die schon helfen können, Ansatzpunkte zu eruieren, um Bewerber-Prozess, Ausschreibungen oder generell die Customer Experience zu optimieren.

Wie erstellen Sie Proto-Personas?
Adhoc-Personas erstellen Sie am besten in Workshops mit Stakeholdern aus möglichst unterschiedlichen Bereichen, die die Customer Journey optimal abdecken – etwa: Geschäftsleitung, Fachabteilung, Recruiting, Employer Branding, Personalcontrolling. Vorbereitend auf den Workshop haben alle Teilnehmenden eine Aufgabe: Vorhandene Daten zu sammeln, um darauf beim Workshop zurückgreifen zu können. Dazu zählen:

* Welche Profile sind gerade in der/den Fachabteilung/en im Einsatz? Wie lange? Zu welchem Gehalt?

- Was für soziale Netzwerke sowie digitalen Plattformen passen, um auf den Arbeitgeber aufmerksam zu machen?
- Wie kann man Kandidaten, die bisher noch nicht auf Jobsuche sind und den Arbeitgeber nicht kennen, bekannt machen?
- Welche Möglichkeiten bieten mir hierbei digitale Plattformen?
- Welche Art von Zielgruppendefinition ist hierfür notwendig?
- Und wie kann man die Zielgruppe überzeugend ansprechen?
- Wie sollte hierbei die Gestaltung von Text, Bild, Video etc. aussehen?

Im Workshop selbst starten Sie mit einem Brainstorming und sammeln alle erdenklichen Profile aus den Zielgruppen – jeder für sich oder in Gruppenarbeit. Leitfragen: Wie heißt die Person? Wie alt ist sie? Welchen Beruf übt sie aus? Wie sieht sie aus? Organisiert sie sich in Vereinen? Welch Werte sind ihr wichtig? Wo erreiche ich die Person?

Im zweiten Schritte clustern sie die Personas. Einige ähneln sich erfahrungsgemäß.

Im dritten Schritt geht es darum, die geclusterten Personas zu vertiefen und ihnen eine Priorität zu geben: Was ist meine Kernzielgruppe? Was ist meine Randzielgruppe, die die Kaufentscheidung der Kernzielgruppe möglicherweise beeinflusst? Was ist meine Potenzial-Zielgruppe, die ich derzeit noch nicht oder zu wenig anspreche?

Aus Proto-Personas datenbasierte Candidate Personas machen
Der entscheidende nächste Schritt: Proto-Personas zu datenbasierten Candidate Personas entwickeln. Warum? Weil Proto-Personas auf Annahmen beruhen – sie sollten also nicht als Grundlage für strategisch wichtige Entscheidungen dienen, sondern lediglich ein erster Schritt hin zu datenbasierten Candidate Personas sein. Die erstellen Sie, indem Sie die aufgestellten Thesen und Annahmen der Proto-Persona mit Daten zu Ihren Zielgruppen verifizieren oder falsifizieren.

Dabei setzen Sie am besten auf drei Säulen:

1. Auf die schon für die Vorbereitung des Proto-Personas vorbereiteten internen Daten zu Ihren Bewerbenden: Webanalyse, Social Media Nutzungsdaten, Soziodemografische Daten, Daten aus dem Personalcontrolling.

2. Studien: Greifen Sie auf repräsentative Erhebungen zurück – etwa zur Mediennutzung, zum Kaufverhalten, zu Freizeitaktivitäten, zu Werten, zur Einkommenssituation und mehr.
3. Eigene Marktforschung: Sie erheben eigene Daten über Umfragen. Die Ergebnisse nutzen Sie dazu, Annahmen und Thesen aus der Proto-Persona zu prüfen.

Detailliert gehen wir auf die Erstellung datenbasierter Candidate-Personas im nächsten Kapitel ein.

1.2.4 Was Candidate Personas von Marktsegmentierungen und Zielgruppen unterscheidet

Candidate Personas sind die relevantesten, prototypischen Vertreter eines Zielgruppen- oder Marktsegmentes und machen dieses Segment erlebbar: Personas geben Einblicke in Gebrauchsmuster, Candidate Journey, Motivation der Bewerbenden und in deren Sorgen, Wünsche, Hobbies, Werte.

Eine ausgereifte Candidate Persona sollte die folgenden Fragen beantworten können:

- Welche Bedürfnisse der Zielgruppe spricht der Job an?
- Welche Pain Points hat die Zielgruppe, die das Jobangebot auflösen kann?
- Wie, warum und wann entscheidet sich die Zielgruppe für die Stelle – kurz: Wie sieht die Candidate Journey und Experience aus?
- Wie und wo erreichen die Kandidaten Stellenangebote?

Eine Gegenüberstellung: Traditionelle Candidate Personas, Datenbasierte Candidate Personas, Marktsegmentierung/Zielgruppen (Tab. 1.1)

Tab. 1.1 Gegenüberstellung: Traditionelle Candidate Personas, Datenbasierte Candidate Personas, Marktsegmentierung/Zielgruppen.

Fokus	Traditionelle Candidate Persona	Datenbasierte Candidate Persona	Zielgruppen/ Markt- segmentierung
Dem Bewerber ein Gesicht geben (Name, Foto,…)	Ja	Ja	Nein
Demografie	Ja	Ja	Ja
Ziele, Pain-Points, Werte	Ja	Ja	Nein
Bestimmte Ver- haltensweisen (Kaufverhalten, Mediennutzung, …)	Nein	Ja	Ja
Datenquantität	Kleine Gruppe von (potenziellen) Bewerber	Big Data	Big Data
Datentyp	Qualitative Daten	Quantitative Daten, ggf. ergänzt um qualitative Daten	Quantitative Daten
Erstellungszeit	Monate	wenige Tage	Dank Analytics- Systemen in wenigen Klicks
Anpassungsfähig- keit	Nicht aktualisier- bar bei Änderungen in der Gesellschaft -> Neuerstellung	Jederzeit aktualisierbar	Jederzeit aktualisierbar
Kosten	Teuer	Erschwinglich	Erschwinglich
Repräsentations- typ	Differenziert in Bezug auf die Bedürfnisse, Ziele und Wünsche der Nutzer	Explizit im Terminus des Nutzerver- haltens, das algorithmisch identifiziert werden kann	Explizit im Terminus des Nutzerver- haltens, das algorithmisch identifiziert werden kann

Resümee – Was sind Candidate Personas?

Eine datenbasierte Candidate Persona soll Bewerbenden ein Gesicht geben. Abstrakte Daten werden zu greifbaren Persönlichkeiten. Eine Integration von Personas in die Recruiting- und Employer-Branding-Strategie führt in der Regel bereits nach kurzer Zeit zu Erfolgen: Dank geringerer Streuverluste in Performance Marketing Maßnahmen, größere Sichtbarkeit des Unternehmens bei Bewerbenden, Steigerung der Bewerber-Qualität und gezielter Ansprache in vielleicht für das Unternehmen gänzlich neuen Kanälen, wie etwa eBay Kleinanzeigen, Plakatwerbung, Kreativ-Aktionen an Tankstellen, etc.

1.3 Warum Sie Candidate Personas brauchen: Zahlen, Daten, Fakten

Erfolg haben vor allem die Unternehmen, die ihre Bewerbenden und deren Wünsche kennen – denn nur so können sie erfüllt werden. Mithilfe von Candidate Personas lernen Unternehmen ihre Zielgruppe besser kennen und verstehen – besonders Bedürfnisse, Pain-Points und von den Bewerbenden besonders geschätzte Value-Propositions bringen Unternehmen beim Recruiting weiter.

Drei Argumente für datenbasierte Candidate Personas:

1. Datenbasierte Candidate Personas sparen Kosten Personas verringern Marketingausgaben, indem diese zielgruppengerechter geplant und platziert werden können. Streuverluste werden minimiert. Denn: Mithilfe von Personas können Unternehmen besser einschätzen, welche Kanäle wirklich genutzt werden. Werbung und Kommunikation, die am Bewerber vorbei zielen, gehören der Vergangenheit an. Auch das Risiko, Bewerbungsprozesse zu entwickeln, die keinen Anklang finden, wird minimiert. Nutzer von Personas können besser einschätzen, wie Bewerber auf Neues reagieren und so überflüssige Produkt-Entwicklungen – und damit Ausgaben – vermeiden.

2. Datenbasierte Candidate Personas können zu Customer Centricity im gesamten Unternehmen führen Haben Sie im Recruiting weniger Streuverluste in Performance Marketing Maßnahmen, zufriedenere und vor allem mehr Bewerbende, freuen sich die Fachabteilungen über optimale Unterstützung bei der Besetzung offener Stellen. Mitarbeitende freuen sich über schneller besetzte Stellen mit Kolleginnen und Kollegen, die optimal ins Team passen. Diese Erfolge sprechen sich herum – und zeigen eins: Candidate und Customer Centricity tragen zum Unternehmenserfolg bei. So lassen sich vielleicht auch andere Abteilungen von Ihnen inspirieren und arbeiten mit datenbasierten Personas. Dabei können Sie unterstützen, denn: Sie haben den Prozess bereits etabliert.

3. Candidate Personas optimieren die gesamte Candidate Journey Die Candidate Journey beschreibt den Prozess des Erstkontakts mit möglichen Bewerbenden bis zu ihrer Einstellung und einer längerfristigen Bindung an den Arbeitgeber. Dabei durchlaufen Bewerbende in der Regel mehrere Touchpoints. Darunter fallen alle Offline- und Online-Stationen, bei denen Bewerbende mit dem Unternehmen in Berührung kommen. Jede dieser Phase verfolgt eigene Zwischenziele – dennoch ist die Candidate Journey als ganzheitlicher Prozess zu betrachten und mit Candidate Personas perfekt auf die Bewerbenden-Bedürfnisse hin zu optimieren:

Aufmerksamkeit
Der/die Kandidat/in erfährt von einer offenen Stelle oder einem Unternehmen, das zu ihm/ihr passen könnte. Mögliche Kanäle: Jobportale, soziale Medien, Kleinanzeigenmärkte, Messen, Anzeigen, Freunde, das Unternehmensblog, die Karriereseite des Unternehmens. Um potenzielle Bewerbende in dieser Phase der Candidate Journey zu erreichen, hilft ein genaues Zielgruppenverständnis – etwa dank der Candidate Persona. Denn: Wissen Sie mehr über das Mediennutzungsverhalten, Interessen, Hobbies, Werte, ist Ihnen auch klar, wo Sie Ihre Zielgruppe am ehesten finden. Sie können auf genau diesen Kanälen im Sprachstil, in der die Zielgruppe angesprochen werden möchte, Inhalte veröffentlichen – ohne viel Streuverluste.

Überlegung und Interesse

In dieser Phase versuchen die Bewerbenden, sich ein genaueres Bild vom Unternehmen zu machen: Für welche Werte steht es? Welche Mission/Vision verfolgt es? Wer arbeitet dort? Wie arbeitet man dort? Wie ist die Unternehmenskultur? Wo sitzt das Unternehmen? Entscheidend für den Erfolg in dieser Phase: Funktionierendes Employer Branding gepaart mit Storytelling, Transparenz und Kommunikation auf Augenhöhe. Einer Studie von LinkedIn [3] zufolge suchen mehr als die Hälfte der Bewerbenden im Internet nach relevanten Informationen zum potenziellen Arbeitgeber. Die beste Strategie: Auf allen Kommunikationskanälen präsent sein und konsistent überall dieselbe Geschichte erzählen. Das funktioniert z. B., wenn Mitarbeitende zu Markenbotschaftern werden – denn: Die Kandidatinnen und Kandidaten glauben Mitarbeitenden dreimal mehr als dem Unternehmen selbst.

Bewerbung

Die entscheidende Phase der Candidate Journey ist die Bewerbung. Denn ohne Bewerbung kein/e Kandidat/in. Für Unternehmen ist in der Phase besonders wichtig, den Bewerbungsprozess so einfach wie möglich zu machen:

- Mobilfreundlich: Mehr als die Hälfte der Bewerbenden bewerben sich per Smartphone. Die Hälfte davon bricht die Bewerbung wegen technischen oder formalen Gründen ab.
- Kurz und klar: 20 % der Bewerbenden brechen eine Online-Bewerbung ab, die länger als 20 min dauert. Das ergab eine Studie von CareerBuilder [4].
- Transparente und verbindliche Kommunikation: Bewerbende wollen pünktlich und konsistent informiert werden, in einem engen Rhythmus – individuell und nicht mit Standardnachrichten.

Auswahl

Die Zeit während und nach dem Vorstellungsgespräch setzen sich die Bewerbenden am intensivsten mit dem potenziellen Arbeitgeber auseinander. Das ist die Zeit, zu der Bewerbende das erste Mal sagen können, ob sie sich vorstellen könnten, für das Unternehmen zu arbeiten. Entscheidend für eine Candidate-zentrierte Auswahlphase: transparente, authentische Kommunikation, Vermittlung der Unternehmenskultur, klare Darstellung des genauen Anforderungsprofils und: der oder dem Kandidaten/in ermöglichen, so viel Fragen, wie möglich zu stellen und sie beantworten.

Einstellung
Zur Einstellung gibt es zwei Entscheidungen zu fällen: Die des Arbeitgebers, den/die Kandidaten/in einzustellen und die des/r Kandidaten/in, das Angebot anzunehmen. In dieser Phase entscheidet sich, wie gut im Sinne von „Candidate-zentriert", die vorangegangenen Phasen gestaltet waren. Das zeigt, dass die Candidate Journey immer von Anfang an und bis zum Ende gedacht werden sollte, denn: Ein kleiner Fehler in Phase 1 kann im schlimmsten Fall verhindern, dass es zur Bewerbung oder Einstellung kommt, obwohl Kandidat/in und Unternehmen optimal zueinander passen würden.

Onboarding
Entscheidend für einen guten Start ins Unternehmen ist das Ankommen. Eine persönliche Einarbeitung, regelmäßige Einzelgespräche, Team-Events, Wegweiser, Coaches oder ähnliches helfen dabei – und zwar schon vor dem ersten Arbeitstag, etwa per Mail, die über den Start informiert oder/und einem kleinen Begrüßungspaket. Denn: 28 % der Neueinstellungen verlassen laut LinkedIn-Studie innerhalb von 90 Tagen das Unternehmen [2].

1.4   Was Candidate Personas nicht leisten können

In diesem Kapitel konnten wir zeigen, dass Candidate Personas wichtige Bausteine für ein zielgruppengerechtes Recruiting und Employer Branding sind. Doch einige Dinge sind bei der Arbeit mit Candidate Personas zu beachten:

Zum einen basieren Candidate Personas häufig auf Umfragedaten. Diese sind in der Regel quantitativ – das bedeutet: Sie legen vorher Antwortmöglichkeiten fest, anhand derer ausgewählt werden darf. Damit fragen sie jedoch nur Antworten ab, die der Fragesteller für wichtig erachtet. Welche weiteren Punkte für den Befragten wichtig sein könnten, bleiben oftmals außer Acht.

Des Weiteren sollte klar sein, dass Candidate Personas immer ein Idealbild der Realität abbilden – einen Stereotypen eben. Dieser repräsentiert aber eine ganze Gruppe von Menschen, die sich in einigen Merkmalen gleichen und in anderen voneinander unterscheiden. Eigenschaften, die das Candidate Persona-Profil nicht abbildet, können also durchaus sehr verschieden sein. Außerdem ist zu beachten: Der Einzelfall kann immer abweichen und natürlich gibt es auch gelegentlich Ausreißer in die eine oder andere Richtung.

Schließlich ist es wichtig darauf zu achten, dass Candidate Personas nicht erschöpfend die Zielgruppe abbilden können. Daher müssen sie stets weiterentwickelt und angepasst werden. So kommen Sie dem Idealbild immer ein Stückchen näher.

1.5   Sechs klassische Fehler beim Entwickeln von Candidate Personas

Sie haben Candidate Personas entwickelt und stellen fest: Es hat Ihnen nichts gebracht? Vermeiden Sie diese sechs Fehler und Ihre Persona-Arbeit fruchtet – garantiert.

1. Candidate Personas basieren auf Annahmen, nicht auf Daten Candidate Personas sollen eine Person repräsentieren, die für eine bestimmte Zielgruppe an Bewerbenden steht. Mit Personas bekommen also Bewerbende und alle, die es werden wollen, ein Gesicht. Sie geben einen Einblick in Lebensumstände, Probleme, Ziele, Pain-Points, Bedürfnisse und Einstellungen.

Das funktioniert aber nur dann, wenn alle Angaben zur Persona auf Daten basieren. Personas haben also mit Bauchgefühl nichts zu tun, sie fußen auf Personaldaten, Analytics-Zahlen, Umfragewerte, repräsentativen Studien.

Die Gefahr: Sie konzentrieren sich auf (potenzielle) Bewerber, die es in Wahrheit gar nicht gibt.

Die Lösung: Nutzen Sie vorhandene Daten und reichern Sie diese mit Studienergebnissen an, führen Sie Interviews und nutzen Sie repräsentative Daten.

2. Zu viele Candidate Personas entwickeln Eine Persona für jeden Fachbereich, Karriere-Status, für jedes Geschlecht und jede Altersgeneration? Nein!

Die Gefahr: Sie verzetteln sich.

Die Lösung: Beginnen Sie erstmal mit einer Persona pro Karriere-Status. Es ergeben sich dabei meist Faktoren, die eine zweite oder maximal dritte Persona begründen – und das sind in der Regel keine demografischen Merkmale, sondern Motivationen, Werte, Ausbildungshintergründe, Skills.

3. Candidate Personas nicht weiterentwickeln Jeder Mensch entwickelt sich weiter. Also darf eine Persona, nachdem Sie sie entwickelt haben, nicht einfach stehen bleiben.

Die Gefahr: Je länger eine Candidate Persona so bleibt, wie sie ist, desto schlechter bildet sie Ihre Bewerber ab.

Die Lösung: Überprüfen Sie regelmäßig Ihre Candidate Personas. In der Praxis hat sich bewährt, das mindestens jährlich zu tun und in diesem Rahmen die Persona den aktuellen Marktgegebenheiten sowie der gesellschaftlichen Entwicklung anzupassen.

4. Candidate Personas nur für HR erschaffen Personas sind wichtiges Werkzeug für alle Recruiter und Employer Branding Mitarbeitenden. Aber natürlich können Personas auch der Produktentwicklung, der Sales-Abteilung oder anderen Abteilungen helfen.

Die Gefahr: Personas sorgen nur im HR-Bereich für Candidate-Centricity. Alle anderen Abteilungen arbeiten nicht mit Personas, sondern vagen Vorstellungen ihrer Zielgruppe.

Die Lösung: Machen Sie Ihre Arbeit mit Persona(s) so bekannt wie möglich. Stellen Sie sie jedem vor – auch kleine Erfolge. Verbreiten Sie Persona-Wissen, indem Sie vorleben, alles, was Sie tun aus den Augen der Bewerbenden zu sehen. So geht Customer und Candidate Centricity.

5. Beim Entwickeln der Persona auf Dinge fokussieren, die eigentlich unerheblich sind Die Persona ist 47 Jahre alt, hellblond, fährt einen roten Cabriolet und hat Schuhgröße 45.

Die Gefahr: Ihre Persona dreht sich zu sehr um die Beschreibung von Soziodemographie und optische Merkmale.

Die Lösung: Fokussieren Sie sich auf Merkmale, die bei der Entscheidung für den Job eine Rolle spielen: Was treibt die Person an, was sind Pain-Points, Bedürfnisse? Spricht sie eher Emotion oder Rationalität an? Welche Vorteile Ihrerseits als Arbeitgeber sprechen sie an? Was sind die Vorteile des Jobs? Was Incentives, die ankommen?

6. Die Persona wird nicht zum Leben erweckt Nachdem Sie die Persona erstellt haben, wandern die Ergebnisse mit bunten Bildchen auf ein Flipchart oder auf Powerpoint-Folien und werden an betreffende Mitarbeitenden per Mail verschickt – Ende.

Die Gefahr: Die Personas verschwinden in der Schublade und spielen im täglichen Arbeiten keine Rolle.

Die Lösung: Tragen Sie Personas ins Unternehmen. Lassen Sie sie zum Leben erwecken: Bilden Sie auf Postern ab, lassen Sie sie im Intranet ein eigenes Blog schreiben. Machen Sie einen Persona-Podcast. Veranstalten Sie Workshops, in denen Sie die Personas vorstellen. Leiten Sie von den Personas konkrete Checklisten ab: für den Sprachstil in Stellenanzeigen, für Performance-Marketing-Kanäle, für die Bildsprache.

1.6   Key Learning Points

- Candidate Personas sind stereotypische Stellvertreter einer Zielgruppe. Sie werden meist steckbriefartig dargestellt und basieren auf gesammelten Daten über diese Zielgruppe.
- Datenbasierte Candidate Personas sparen Kosten, weil sie die Werbung, das Marketing und die Kommunikation eines Unternehmens zielgruppengerechter ausrichten.
- Candidate Personas sollten in die Candidate Journey auf die individuellen Bedürfnisse der Bewerbenden ausrichten. Leiten Sie aus den Candidate Personas Maßnahmen für jede Phase der Candidate Journey ab, In der Regel sind es die folgenden Stufen: Aufmerksamkeit, Überlegung und Interesse, Bewerbung, Auswahl, Einstellung, Onboarding.
- Da jeder Mensch individuell ist, können Bewerbende in Einzelfällen von der Persona abweichen.
- Zusammenarbeit und Abstimmung von internen Interessengruppen fördert das Umsetzten von Candidate Centricity in Ihrem Unternehmen. Binden Sie bei der Entwicklung von Candidate Personas von Anfang an alle relevanten Stakeholder ein.
- Die Wahl neuer Kommunikationskanäle, das Schaffen technischer Voraussetzungen zur Individualisierung von Inhalten, Targeting und Retargeting ist für den Persona-Erfolg genauso entscheidend, wie ein starkes Commitment seitens der Führungskräfte im Unternehmen und das Ableiten konkreter Todos für jeden Schritt der Candidate Journey.
- Ein schneller Bewerbungsprozess und persönlicher Kontakt zu den Kandidaten sollte von Anfang an gegeben sein, da diese Art der Verbindlichkeit sich positiv auf den Bewerbungsprozess auswirken (Verhoeven 2020, S. 76)[2].

Literatur

1. Peters, T., & Waterman, R. H. (1982). *In search of excellence: lessons from America's best-run companies.* Harper & Row.
2. Verhoeven, T. (2020). Digitalisierung im Recruiting. Springer Gabler. https://berufebilder.de/recruiting-candidatejourney-persona-highpotenzials/. Zugegriffen: 07. Apr. 2022.
3. LinkedIn. (2022). Employer Brand Statistics, Dublin. https://business.linkedin.com/content/dam/business/talent-solutions/global/en_us/c/pdfs/ultimate-list-of-employer-brand-stats.pdf. Zugegriffen: 24. Mai 2022.
4. CareerBuilder. (2020). Hiring 101: 5 tips to create an easy process, Chicago. https://resources.careerbuilder.com/small-business/5-tips-to-create-an-easy-hiring-process. Zugegriffen: 24. Mai 2022.

Weiterführende Literatur

Bruhn, M. (2022). *Marketing. Grundlagen für Studium und Praxis* (15., überarbeitete und erweiterte Aufl.). Springer Gabler.
Häusel, H.-G., & Henzler, H. (2018). *Buyer Personas: Wie man seine Zielgruppen erkennt und begeistert.* Haufe.
Jansen, B. J., Salminen, J. O., Jung, S., & Guan, K. (2021). *Data-driven Personas (Synthesis Lectures on Human-centered Informatics).* Morgan and Claypool Publishers.
Kirchem, S., & Waack, J. (2021). *Personas entwickeln für Marketing, Vertrieb und Kommunikation.* Springer Gabler.

2

Bestcase: Unternehmensgruppe Theo Müller

Mit Candidate Personas Mitarbeitende finden und binden Die Unternehmensgruppe Theo Müller ist mehr als nur „Müller Milch", nämlich ein international agierendes Familienunternehmen in den Geschäftsbereichen Molkerei, Fisch & Feinkost, Dressings, Saucen und Dienstleistungen mit 31.700 Mitarbeitenden und einem Jahresumsatz von 7 Mrd. Euro. Um neue Mitarbeiter zu finden und zu binden, nutzt die Firmengruppe Candidate Personas, begleitet von Helena Schneider, Employer Brand Manager und HR-Enthusiast. Im Gespräch schildert sie Ziele, Vorgehensweise, Outcome und Blick in die Zukunft.

Warum arbeiten Sie mit Candidate Personas?
In Zeiten des Fachkräftemangels kommt es bei der Personalsuche noch stärker als bisher darauf an, gesehen zu werden. Das funktioniert nur, wenn die Stellenausschreibung sowie die Unternehmenspräsentation so authentisch, transparent und zielgruppengenau gestaltet und formuliert ist, wie nur möglich – und das auf allen Kanälen: Von der Jobbörse über die Unternehmensseite, Anzeigenkampagnen bis hin zu Social Networks und Co.

© Der/die Autor(en), exklusiv lizenziert an Springer Fachmedien Wiesbaden GmbH, ein Teil von Springer Nature 2022
S. Rippler, *Das Persona-Prinzip*, https://doi.org/10.1007/978-3-658-38979-6_2

Dabei helfen uns Candidate Personas: Sie beschreiben sehr genau, wen wir in welchem Fachbereich suchen, wo wir die Menschen ansprechen, welche Bedürfnisse und Nöte sie haben, welche Werte sie verkörpern und wie sie mit welchen Vorteilen des Jobs und von uns als Arbeitgeber angesprochen werden möchten. Ein Nebeneffekt: Die Fachabteilungen denken noch genauer darüber nach, wen sie eigentlich suchen und geben die Informationen bedürfnisorientiert direkt an das Recruiting und das HR-Marketing weiter.

Wie haben Sie die Personas erarbeitet?
Wir haben zunächst ganz klassisch auf dem Flipchart Steckbriefe erstellt. Anschließend die Infos digitalisiert und mit Stock-Fotos visualisierte Proto-Personas erarbeitet – basierend auf der Soziodemografie, dem Gehaltsgefüge und Gesprächen mit Kolleginnen und Kollegen vom Recruiting, HR Business Partner sowie Interviews mit Mitarbeitenden aus unterschiedlichen Hierarchieebenen.

Im zweiten Schritt haben wir diese Anhaltspunkte mit einer Open-Room- und Paper-Pen-Umfrage überprüft und erweitert, etwa um folgende Fragen: Wie sehen uns die Mitarbeitenden als Arbeitgeber? Welche Hobbies und Interessen haben sie? Welche Tätigkeiten macht die Arbeit aus?

Im Rahmen unserer neuen Employer-Branding-Kampagne haben wir auch Fotos von Mitarbeitenden geshootet, die wir jetzt auch für die Candidate Persona Sedcards nutzen.

Was sind die nächsten Schritte?
Die Personas mit mehr Daten anreichern, um sie noch fundierter darzustellen – dazu wollen wir eine Mitarbeiterumfrage starten sowie externe Datenquellen zurate ziehen, wie etwa Daten aus repräsentativen Studien.

Wozu nutzen Sie die Candidate Personas?
Im Employer Branding nutzen wir sie, um uns als Arbeitgeber so authentisch wie möglich auf den für die unterschiedlichen Zielgruppen relevanten Kanälen präsentieren: mit der passenden Ansprache, den treffenden Themen, in den optimalen Formaten – ob als Social Post, Video, Fotostrecke, Anzeigenkampagne, Whitepaper, oder andere.

Im Recruiting setzen wir auf Candidate Personas, um die Stellenanzeigen nicht so zu formulieren, wie wir sie schon immer geschrieben haben: Wir möchten die Sprache der Zielgruppe sprechen und schreiben die Stellen dort aus, wo wir die Zielgruppe finden können – auch abseits von klassischen Stellenbörsen. Wir stehen hier natürlich noch am Anfang aber lernen jeden Tag dazu.

Candidate Personas einzuführen, ist ein Change-Prozess. Was empfehlen Sie anderen, die diesen Weg einschlagen?
So viele Stakeholder wie möglich mitnehmen und den Mehrwert erklären, denn: Entscheidend ist das Mindset, dass die Candidate Experience schon bei einer ehrlichen und direkten Ansprache beginnt. Hierfür sind die Personas die Basis und ausschlaggebend dafür, Mitarbeitende nicht nur zu finden, sondern auch zu binden. Viel sprechen, viel diskutieren, Mitarbeitende einbinden, Erfahrungen sammeln.

Dabei hilft, auch kleine Erfolge zu feiern: Personas testweise für kleine Kampagnen oder Optimierungen einsetzen, Ergebnisse analysieren – und Erfolge kommunizieren sowie aus Fehlern lernen.

Für eine erfolgreiche Umsetzung ist eines unumgänglich: Candidate Personas haben nichts mit Bauchgefühl zu tun. Sie müssen datenbasiert und empirisch sein sowie auf Gesprächen, Daten, Umfragen und Studien aufbauen – und daran arbeiten wir (Abb. 2.1 und 2.2).

PERSONA 1: MASCHINENFÜHER

PROFIL
- 43 Jahre alt
- 2 Kinder
- bodenständig
- an Technik interessiert

MOTIVATOREN
- Planbarkeit und Routine
- körperliche Arbeit
- Zuschläge, Prämien, Vergünstigungen
- Rabatt im Werksverkauf
- kostenfreier Produktverzehr
- Urlaubsextra

FRUST & PROBLEME
- Computer und EDV
- keine Wertschätzung und
  Unterstützung „von oben"
- keine Transparenz und Mitspracherecht
- Personalmangel und Springerdienste

BERUFLICHER WERDEGANG
- zuvor als Koch tätig
- Quereinsteiger
- häufige Jobwechsel
- befristete Verträge

AUFGABEN
- Überwachung der
  Produktionsanlagen
- Umsetzung gegensteuernder
  Maßnahmen bei Abweichungen
  oder Störungen im Ablauf
- Befüllung der Anlagen

INTERESSEN
- Fußball und Kegeln
- Familie
- Facebook
- RTL und RTL II
- regionale Zeitung

Klaus Schmid

„Wir halten die Produktion 24
Stunden 7 Tage die Woche
am Laufen."

Abb. 2.1   Persona 1: Maschinenführer

PERSONA 2:
LKW FAHRER

PROFIL
- 52 Jahre alt
- 3 Kinder, verheiratet
- bodenständig und sparsam
- traditionsbewusster Familienmensch

MOTIVATOREN
- Handlungs- und Gestaltungs-
  spielräume
- Gehalt- und Jobsicherheit
- Zusatzleistungen
- Wertschätzung

FRUST & PROBLEME
- autoritärer Führungsstil
- keine Wertschätzung
- kein Mitspracherecht bei Schichtarbeit
- Gesundheitsbelastung (keine Pausen etc.)

BERUFLICHER WERDEGANG
- langfristige Berufserfahrung als
  Kraftfahrer
- geringfügige Beschäftigung
- vorwiegend befristete Verträge

AUFGABEN
- Führen von Sattelkühlzügen in D.
- Be- und Entladetätigkeiten
- technische Verantwortung
- Frachtpapierabwicklung
- Verantwortung für
  lebensmittelgerechte Sauberkeit
  der Fahrzeugeinheit

INTERESSEN
- Fußball
- Formel 1
- Autozeitschriften, Bildzeitung
- RTL / Sky Sportprogramm

Manfred Schneider

„Auf den Autobahnen
in Deutschland
bin ich zu Hause."

Abb. 2.2   Persona 2: LKW-Fahrer

3

Datenbasierte Candidate Personas erstellen

In diesem Kapitel lesen Sie, wie Sie eine Candidate Persona entwickeln, warum Sie dafür repräsentative Daten brauchen und wo Sie diese Daten herbekommen. Zudem erfahren Sie, welche Daten relevant sind und welche Fragen Sie sich bei der Datensammlung und Candidate Persona-Entwicklung stellen sollten.

3.1 Wie eine Candidate Persona entwickelt wird

Um eine datenbasierte Candidate Persona zu entwickeln, braucht es drei zentrale Schritte:

1. Zunächst sollten Sie umfassende Informationen über Ihre Zielgruppe sammeln.

Dazu gehören neben der Datenrecherche auch die Auswertung und Selektion der Daten. Hier empfehlen wir, nicht nur unternehmensinterne, sondern auch externe Quellen heranzuziehen. So gewinnen

© Der/die Autor(en), exklusiv lizenziert an Springer Fachmedien Wiesbaden GmbH, ein Teil von Springer Nature 2022
S. Rippler, *Das Persona-Prinzip*, https://doi.org/10.1007/978-3-658-38979-6_3

Sie ein ausführliches Bild von Ihrer Zielgruppe. Dabei gilt die Regel: Je detaillierter und umfangreicher die Datensammlung, desto besser kann die Persona eine Zielgruppe widerspiegeln.

2. Im zweiten Schritt formulieren Sie anhand der Daten das Candidate Persona-Profil in Form eines Steckbriefs – auch Sedcard genannt.

Die Sedcard sollte auf einen Blick ersichtlich machen, worum es sich bei der Persona handelt. Alle Mitarbeitenden können so direkt die Bewerberperspektive einnehmen. Enthaltene Informationen können sein: soziodemografischer Hintergrund, Hobbies, beliebte Marken, Einkaufsverhalten, Werte, Ausgabebereitschaft etc.

3. Der dritte Schritt umfasst die Evaluierung und Validierung der Persona über einen längeren Zeitraum.

Sie nutzen die Persona in der Praxis und können dann anhand von KPIs, die in Zusammenhang mit der Persona stehen, herausfinden, wie nah die Persona der Zielgruppe ist. Mindestens einmal im Jahr sollten Sie die Personas aktualisieren: Menschen entwickeln sich stetig weiter und so sollte es auch Ihre Persona tun.

3.2 Warum alles datenbasiert sein muss und welche Daten wirklich zählen

Eine große Datensammlung ist bei der Entwicklung von Personas besonders hilfreich. Denn: Viele Daten ergeben ein konkreteres Bild der Zielgruppe und so können auch Kommunikationsmaßnahmen und Marketing besser und zielgerichteter erfolgen. Die gesammelten Daten geben Aufschluss über Demografie, Charakter, Pain-Points, gewünschte Benefits vom Arbeitgeber, oder das Konsumverhalten der Bewerbenden.

Am Ende der Recherche sollten Sie die folgenden Fragen beantworten können:

- **Wer** sind unsere Bewerbenden?
- **Was** ist ihnen wichtig?
- **Welche** Herausforderungen beschäftigen unsere Bewerbenden?
- **Wie** unterstützen wir sie dabei?
- **Wo** suchen unsere Bewerbenden Jobs oder entscheiden sich für eine Bewerbung?
- **Warum** bewerben sich Kandidaten bei uns (nicht)?
- **Worauf** beruht die finale Bewerbungsentscheidung?
- **Warum** entscheiden sich manche Bewerbende nach Vorstellungs-gespräch und anderen Kontaktpunkten doch gegen uns?

Auf die erste Frage – nach dem „Wer?" – können wir vor allem mit-hilfe demografischer Daten antworten. Sie bilden die Verteilung von Geschlecht, Alter, Bildungsstand und Einkommen ab. Aber auch Angaben zu Wohnort, Wohnsituation, Familienstand und Arbeit können Sie daraus entnehmen. Bezugsquellen sind zunächst Ihre eigenen Personalstammdaten, Daten aus dem Bewerber-Management-System oder Tracking- und Analyse-Insights von eigenen Websites, Profilen Social Media oder, falls vorhanden, Umfrage-Ergebnisse. Ergänzen Sie diese ggf. mit Daten vom statistischen Bundesamt, Statista oder anderen repräsentativen Studien.

Was Zielgruppen wichtig ist, welche Werte sie vertreten und was sie von Ihrem Unternehmen erwarten, können Sie Umfragen und Statistiken mit Bezug zur Altersgruppe entnehmen. Hier stehen vor allem Generationen im Fokus. Menschen einer bestimmten Generation verfolgen in der Regel ähnliche Interessen und Ziele, teilen ähnliche Wertvorstellungen und sind mit den gleichen Job- und Karriere-Vor-stellungen groß geworden. Teilweise beobachten wir sogar spezifische Charaktereigenschaften je nach Generation. Dabei sollten Sie allerdings auch bedenken, dass Generationen nicht immer trennscharf sind und auch innerhalb einer Generation – je nach Thematik – starke Unter-schiede auftreten können. So gehören Personen mit dem Geburts-jahr 1981 und Personen, die 1995 geboren sind, derselben Generation (Millennials) an. Ihre Mediennutzung unterscheidet sich aber teils stark. Daher ist es notwendig, die gesammelten Informationen in Zusammen-hang zu setzen und im Gesamtkontext zu betrachten.

Welche Herausforderungen Bewerbende beschäftigen und wie Ihr Unternehmen Bewerbende dabei unterstützt, können Sie in Bewerberumfragen oder Studien herausfinden. Außerdem können Bewertungen z. B. auf Bewertungsportalen oder auf der eigenen Website für Klarheit sorgen.

Was Bewerbende in ihrer Freizeit machen, welche Medien sie nutzen, zeigen Studien wie der Freizeitmonitor oder die ARD/ZDF-Onlinestudie. Außerdem können Sie Statista bemühen, ein Service, der repräsentative Studien aus allen möglichen Bereichen sammelt und über ihr Portal zugänglich macht – oder sie nutzen Primärquellen wie Marktforschungsinstitute oder Behörden. Häufig finden Sie Berichte über solche Datenerhebungen auch in bekannten Medien, z. B. in Branchenmagazinen. Auch eigene Analysen, die nach Markenpräferenzen und dem Kaufverhalten von Bewerber fragen, können hilfreich sein.

Die Grafik „Persona: Welche Daten zählen" zeigt Ihnen alle Daten noch einmal übersichtlich zusammengefasst (Abb. 3.1).

3.3   Das Candidate Persona-Profil

Als Quintessenz aus allen gesammelten Daten, die Sie optimalerweise bereits strukturiert haben, entwickeln Sie ein Persona-Profil. **Das Candidate Persona-Profil – auch Sedcard – soll in Form eines Steckbriefs alle relevanten Daten abbilden.** Es visualisiert die Lebenswelt, den Charakter der Candidate Persona und natürlich alle relevanten Merkmale der Zielgruppe. Idealerweise enthält es ein Foto oder ein gezeichnetes Bild, das die Candidate Persona auch fürs Auge greifbarer macht.

Folgende Daten (oder eine Auswahl daraus) enthält das Candidate Persona-Profil:

Fragen allgemeiner Art

- Name
- Alter
- Ausbildung (Mittlere Reife, akademischer Abschluss, Berufsschule etc.)

Persona: Welche Daten zählen

Demografische Daten

- Alter
- Ausbildung
- Beruf
- Familienstand
- Wohnsituation
- Wohnort

Daten zur Persönlichkeit

- Persönlichkeitseigenschaften
- Werte und Einstellungen
- Interessen
- Hobbies

Daten zum Kaufverhalten

- Konsumgewohnheiten
- Kaufverhalten
- Kaufkraft / Einkommen
- Markenpräferenzen

Daten zur Mediennutzung

- Nutzungshäufigkeit
- Nutzungsfrequenz
- Medienpräferenzen
- Nutzung sozialer Medien
- Verhältnis zwischen Online- und Offline-Nutzung

Sonstige Daten

- Beziehung zum eigenen Unternehmen
- Beziehung zu den Produkten / Dienstleistungen des eigenen Unternehmens
- weitere relevante Daten in Zusammenhang mit dem Unternehmensangebot

Mögliche Datenquellen

- Meinungs- und Marktforschungsinstitute
- Informationsplattformen (z.B. Statista),
- Veröffentlichungen in Medien (z.B. Branchenmagazine
- unternehmenseigene Umfragen und Erhebungen
- Insights der Analysetools der eigenen Social-Media- und Webauftritte
- Behörden (z.B. Statistisches Bundesamt),
- Bewertungsplattformen

Abb. 3.1 Datenbasierte Personas: Welche Daten zählen

- Beruf (Branche und/oder genaue Berufsbezeichnung; selbstständig, angestellt, etc.)
- Familienstand (ledig, verheiratet, verwitwet etc.)
- Wohnsituation (Eigentum, Miethaus- oder Wohnung, WG-Zimmer etc.)
- Wohnort (Großstadt, Kleinstadt, ländlich, Dorf etc.)
- Persönlichkeit (introvertiert, extrovertiert, erfolgsorientiert, gesellig, abenteuerlustig etc.)
- Interessen/Hobbies (Sport, Literatur, Musik, Umwelt, Zeitgeschehen, Wirtschaft etc.)
- Mediennutzung (Verhältnis zwischen Online, Print, Fernsehen und Radio, Medienmarken)
- Kaufverhalten (Online oder stationärer Handel, neu oder gebraucht, konsumorientiert oder nachhaltig etc.)
- Markenpräferenzen
- Beziehung zum Unternehmen und dessen Produkten/Dienstleistungen
- Weitere Informationen, die im Zusammenhang mit dem Arbeitgeberangebot stehen

Fragen zur ausgeschriebenen Position

- Welche Funktion hat der Job im Unternehmen?
- Wie lautet der zugehörige Job-Titel?
- Wie sieht ein alltäglicher Arbeitstag aus?
- Welche Fähigkeiten sollte die/der Bewerbende/Mitarbeitende mitbringen?
- Was muss er/sie für die Tätigkeit wissen?
- Welche Methoden und Werkzeuge setzt er/sie dabei ein?

Ziele und Herausforderungen

- Wofür ist die/der Bewerbende/Mitarbeitende verantwortlich?
- Wie lässt sich Erfolg für die/den Bewerbende/Mitarbeitende definieren?
- Was sind seine/ihre größten Herausforderungen?
- Wie überwindet er/sie diese Probleme?

Auch wichtig: Informationsquellen

- Wie bildet die/der Bewerbende/Mitarbeitende sich weiter?
- Welche Kanäle nutzt er/sie im Bewerbungsprozess?
- Wie sucht er/sie nach freien Stellen?
- Welchen Berufsverbänden gehört er/sie an?
- Bei welchen sozialen digitalen Medien ist er/sie angemeldet?

3.4 Datenbasierte Personas mit KPIs überprüfen

Die entstandene Persona kann nur im Praxis-Einsatz überprüft werden. In den meisten Fällen weisen datenbasierte Candidate Personas eine geringe Fehlerquote auf. Doch muss die Persona hin und wieder angepasst werden. Das liegt vor allem daran, dass Markt und Zielgruppe stetigen Veränderungen unterliegen.

Sie können anhand relevanter KPIs überprüfen, ob Candidate Personas funktionieren. Diese KPIs sollten natürlich mit der Persona zusammenhängen.

Ein Beispiel: Sie haben eine Candidate Persona entwickelt, um Ihren Social-Media-Kanal zielgerichteter zu nutzen. Hier verraten dann Social-Media-KPIs wie z. B. Impressionen, Follower, Likes, Kommentare, Shares, Erwähnungen/Verlinkungen, wie umfassend Sie gearbeitet haben. Natürlich sollten Sie bei einer schlechten Performance bedenken, dass es auch andere Stellschrauben geben kann – wenn beispielsweise die Social Media Posts gar nicht zur Persona passen. Das kann auch ein Zeichen sein, dass Sie die Candidate Persona nachschärfen sollten.

3.5 Key Learning Points

- Eine Candidate Persona wird in drei Schritten entwickelt:

  1. Analyse
  2. Sedcard/Candidate Persona-Profil
  3. Validierung

- **Candidate Personas müssen datenbasiert sein,** d. h. das Profil einer Persona darf nicht aus Annahmen oder auf dem eigenen Bauchgefühl entstehen, sondern aus erhobenen Daten, die möglichst repräsentativ für die Zielgruppen/Marktsegmente sind. Denn: Eine Candidate Persona soll die Realität so gut wie möglich abbilden. Das funktioniert am besten auf Basis einer umfangreichen Datensammlung.
- Mit der **Datenrecherche** sollten Sie beantworten, wer Ihre Bewerbenden sind und was ihnen wichtig ist. Des Weiteren ist entscheidend, die Herausforderungen der Bewerbenden zu kennen und welche Unterstützung sie von Ihrem Unternehmen erwarten. Außerdem sind Daten zu Bewerbungsgewohnheiten wichtig: Warum bewerben sich Ihre Bewerbenden bei Ihnen bzw. bei Ihren Konkurrenten? Welche Faktoren beeinflussen die Bewerbungsentscheidung und sind sie veränderbar?
- Mögliche **Datenquellen** können sein: Meinungs- und Marktforschungsinstitute, gebündelte Informationsplattformen (z. B. Statista), Veröffentlichungen in Medien (z. B. Branchenmagazine), unternehmenseigene Umfragen und Erhebungen, Insights der Analysetools der eigenen Social-Media- und Webauftritte, Behörden (z. B. Statistisches Bundesamt), Bewertungsplattformen, …

Weiterführende Literatur

1. Jansen, B. J., Salminen, J. O., & Jung, S. (2020). Data-driven personas for enhanced user understanding: Combining empathy with rationality for better insights to analytics. *Data and Information Management, 4*(1), 1–17.
2. Mijač, T., Jadrić, M., & Ćukušić, M. (2018). The potenzial and issues in data-driven development of web personas. In *2018 41st international convention on information and communication technology, electronics and microelectronics (MIPRO)* (S. 1237–1242).
3. Nenninger, M., & Seidel, M. (2021). *Praxisleitfaden Customer Centricity: Mit Kundendaten und Customer Experience die digitale Transformation erfolgreich meistern – mit Strategie-Framework und Umsetzungsplan.* Springer Gabler.
4. Salminen, J., Jung, S., & Jansen, B. J. (2019). The future of data-driven personas: a marriage of online analytics numbers and human attributes. In *ICEIS 2019 – Proceedings of the 21st International Conference on Enterprise Information Systems.* https://pennstate.pure.elsevier.com/en/publications/the-future-of-data-driven-personas-a-marriage-of-online-analytics. Zugegriffen: 15. Juni 2022.
5. Zhang, X., Brown, H-F., & Shankar, A. (2016). Data-driven personas: Constructing archetypal users with clickstreams and user telemetry. In *Proceedings of the 2016 CHI conference on human factors in computing systems, CHI '16.* ACM. https://www.youtube.com/watch?v=7tIziwG9B6A. Zugegriffen: 15. Juni 2022.

4

Von Zielgruppen über Segmentierung zur Candidate Persona

In diesem Kapitel besprechen wir, wie viele datenbasierte Candidate Personas ein Unternehmen wirklich braucht und was diese Frage damit zu tun hat, wie Candidate Personas sich von Zielgruppen und Segmenten unterscheiden.

4.1 Wie viele datenbasierte Candidate Personas braucht ein Unternehmen?

Es braucht für jeden signifikanten Bewerbertyp eine eigene Persona.
Dabei gilt der Leitsatz, dass alle Zielgruppen, für die eine Persona angelegt wird, dem Unternehmen echten Mehrwert bieten müssen. Kurz: Legen Sie den Fokus auf Bewerbertypen, die entscheidend zum Unternehmenserfolg beitragen.

Wir empfehlen das Pareto-Prinzip, um zu ermitteln, wie viele Personas sinnvoll sind. Das Pareto-Prinzip – auch 80/20-Regel genannt – besagt, dass 80 % der Ergebnisse mit 20 % des Gesamtaufwands erreicht werden können. Die verbleibenden 20 % benötigen dann 80 % des Arbeitsaufwands. Auf unsere Methode angewendet bedeutet das:

© Der/die Autor(en), exklusiv lizenziert an Springer Fachmedien Wiesbaden GmbH, ein Teil von Springer Nature 2022
S. Rippler, *Das Persona-Prinzip*, https://doi.org/10.1007/978-3-658-38979-6_4

Im Schnitt sollten Personas rund 80 % der Wunsch-Bewerbenden abdecken. Damit können Sie mit geringem Aufwand schon große Erfolge erzielen.

Nach welchen Kriterien Sie Bewerbende segmentieren und einer Persona zuordnen, variiert je nach Unternehmen und dessen Zielen. Wir stellen die wichtigsten Aspekte vor, nach denen Sie Ihre Personas definieren können:

Segmentierung nach Karriere-Stufen Sie unterscheiden bei den Personas nach dem Ausbildungsgrad und der Erfahrung im Beruf:

- Schüler/innen
- Schulabsolventen/innen
- Studierende
- Hochschulabsolventen/innen
- Young Professionals (erste Berufserfahrungen)
- Professionals (Berufserfahrung)

Segmentierung nach Anteil am Unternehmenserfolg Sind einzelne Fachbereiche oder gar Stellenprofile besonders relevant für den Unternehmenserfolg, macht es Sinn, Bewerbungen danach zu segmentieren:

A-Bewerbende: Besonders relevant für den Unternehmenserfolg (z. B. gemessen am Umsatz/Mitarbeitenden z. B. als Software-Firma Software-Entwickler und Sales-Mitarbeitende).

B-Bewerbende: Mittelbar relevant für den Unternehmenserfolg (z. B. als Software-Firma Marketing-Mitarbeitende).

C-Bewerbende: Sonstige (z. B. als Software-Firma Schüler-praktikanten).

Bei der Persona-Erstellung konzentrieren Sie sich zunächst auf A-Bewerbende. Erst wenn dieses Segment mit Personas abgedeckt ist, geht es an B-Bewerbende.

Segmentierung nach Loyalität Der Unternehmenserfolg hängt meist maßgeblich von loyalen Mitarbeitenden ab. Das sind Personen, die regelmäßig das eigene Unternehmen als Arbeitgeber weiterempfehlen. Das Segment „besonders loyale Mitarbeitende" verspricht Erkenntnisse darüber, was Menschen an ihrem Arbeitgeber besonders schätzen – um diese Benefits in den Stellenanzeigen und in der Bewerbendenkommunikation in den Vordergrund zu rücken. Bereiche mit besonders hoher Fluktuation zu identifizieren, macht Sinn, um in Gesprächen mit dortigen Mitarbeitenden Optimierungspotenzial zu heben. Genauso helfen standardisierte Exit-Gespräche, um Kündigungsgründe zu erfahren oder Absagegespräche, also die Befragung von Bewerbenden, die nach einem Vorstellungsgespräch und einem Job-Angebot die Einstellung ablehnen. Aus diesen Gruppen lässt sich eine Nicht-Persona bilden: Also ein prototypischer Zielgruppenvertreter von Bewerbenden, die nicht angesprochen werden sollten, um Enttäuschungen zu vermeiden.

Segmentierung nach Fachbereichen Sie suchen Ingenieure, IT-Mitarbeitende, Verwaltungsangestellte und Service-Personal? Dann macht es Sinn, genau nach diesen Gruppen zu segmentieren und pro Segment eine bis maximal drei Personas zu entwickeln – etwa nach Karrierestufen, z. B. junge Talente, Young Professionals, Professionals.

Segmentierung nach demografischen Merkmalen Nicht fehlen darf in unserer Auflistung die Demografie. Vor allem Altersunterschiede sowie unterschiedliche Bedürfnisse je nach Geschlecht spielen eine Rolle.

Machen Sie sich zudem bewusst, dass auch kulturelle Unterschiede einen Einfluss haben, wie bestimmte Kommunikationsmaßnahmen, z. B. Werbung und Stellenanzeigendesign, wahrgenommen werden. Auch bei Bildmotiven und der Tonalität von Texten sollten Sie aufpassen, dass diese mit den kulturellen Erfahrungen Ihrer Bewerber harmonieren.

Ein Beispiel: Sie haben vor allem Bewerber aus dem skandinavischen Raum. Sie schalten eine Stellenanzeige, in der eine Referenz zu „Michel aus Lönneberga" abgebildet ist. Das Problem: Nur in Deutschland heißt die Hauptperson der Geschichte Michel – im Original heißt der Junge Emil. Ihre internationalen Bewerber werden Sie mit dieser Werbeanzeige also eher verwirren als begeistern.

> **Resümee**
>
> Jede relevante Zielgruppe braucht eine eigene Candidate Persona. Wie Sie Ihre Zielgruppen segmentieren, hängt von der Art Ihres Unternehmens und dessen Zielsetzungen ab. Die verschiedenen Segmentierungen können dabei auch kombiniert werden.

4.2   Helfer zur Zielgruppen-Segmentierung

Wie wir eben gelernt haben, können wir Zielgruppen auf Basis unterschiedlicher Eigenschaften und Faktoren segmentieren. Doch auch die Wissenschaft bietet uns einige Modelle und Typologien, anhand derer Zielgruppen bzw. Menschen im Allgemeinen gruppiert werden. Wir stellen Ihnen die drei wichtigsten sozialwissenschaftlichen und psychologischen Varianten vor: Sinus Milieus, Limbic Types und die Big Five.

4.2.1   Sinus Milieus – eine sozialwissenschaftliche Typologie

Die Sinus Milieus sind eine vom Sinus Institut entwickelte Typologie. Sie zählen zu den bekanntesten Kategorisierungen von Zielgruppen bzw. der Gesellschaft in Deutschland. Sie gruppieren Menschen, die sich in ihrer Lebensweise und ihren Einstellungen ähneln. Dabei werden die verschiedenen Gruppen – genannt Milieus – anhand von 2 Achsen auf einem Koordinatensystem positioniert. Jede Gruppe ist in Form einer Blase dargestellt. Die beiden Achsen sind: soziale Lage (Unter-, Mittel-, Oberschicht) und Grundorientierung (Tradition, Modernisierung, Neuorientierung). Neben Wertorientierungen werden auch Alltagseinstellungen, z. B. zu Arbeit, Familie oder Medienkonsum berücksichtigt. Mithilfe von soziodemografischen Daten werden die Milieus näher beschrieben (Abb. 4.1 und 4.2).

Vielleicht fragen Sie sich jetzt: Was hat das alles mit Candidate Personas zu tun? Nun, zum einen sind Sinus Milieus sowas wie das sozialwissenschaftliche Äquivalent zu Candidate Personas. Nur bilden

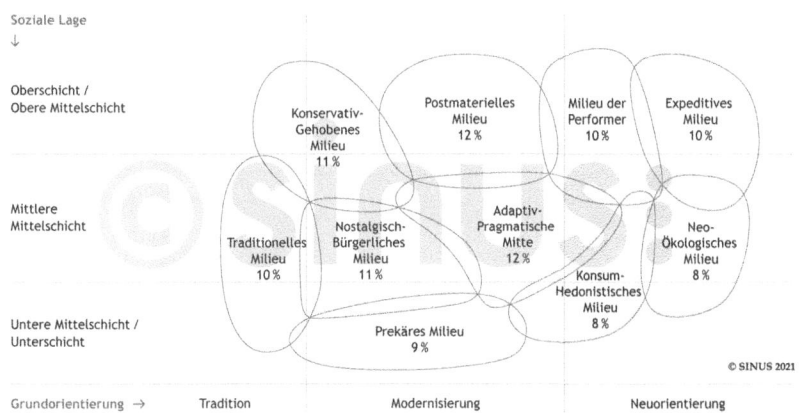

Abb. 4.1 Sinus Milieus (Quelle: SINUS-Institut, CC BY-SA 4.0 via Wikimedia Commons)

sie keine Zielgruppen, sondern eine Gesellschaft ab. Zum anderen helfen Sinus Milieus, Menschen zu gruppieren – sie bilden einen Anhaltspunkt für Ihre eigenen Personas. Ein großer Vorteil der Sinus Milieus: Sie sind sehr bekannt und werden stetig aktualisiert. Jedes Jahr werden die Sinus Milieus auf Basis neuer Erkenntnisse an die soziokulturellen Entwicklungen in Deutschland angepasst. Das aktuelle Sinus-Milieu-Modell können Sie stets unter folgendem Link einsehen: https://www.sinus-institut.de/sinus-milieus/sinus-milieus-deutschland

Ein weiterer Bonus: Mittlerweile sind Sinus Milieus auch für andere Länder, z. B. Österreich und die Schweiz abrufbar sowie für bestimmte Personengruppen, z. B. Jugendliche. Eine Verortung der eigenen Persona(s) in den Sinus-Milieus gibt Ihnen weitere Einblicke in die Alltagswelt Ihrer Kandidatinnen und Kandidaten.

4.2.2 Limbic Types – ein Modell der Emotionen

Die Limbic Types – extrahiert aus der sogenannten Limbic Map – sind ein Modell, um die Persönlichkeitsstruktur von Personen zu erfassen. Der Name „Limbic Types" basiert auf der Annahme, dass

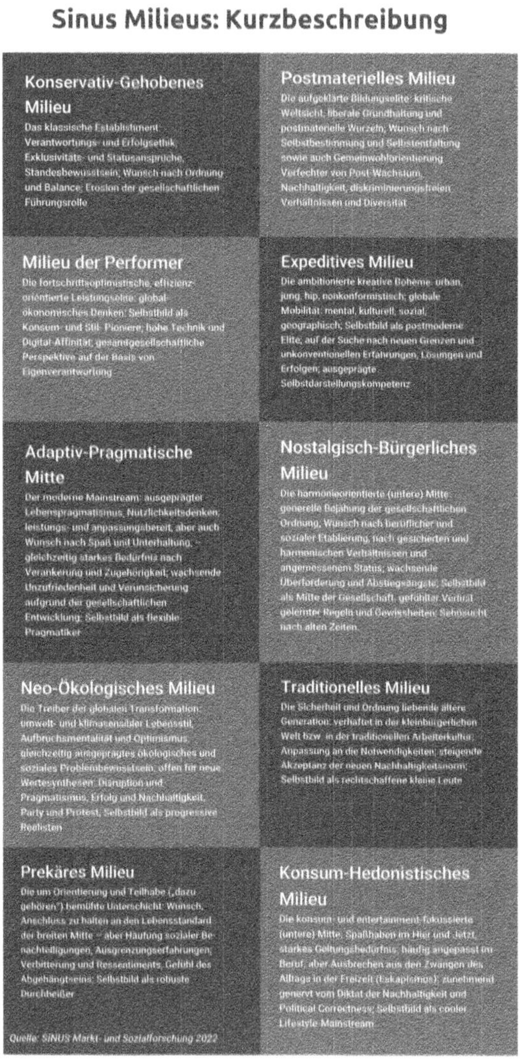

Sinus Milieus: Kurzbeschreibung

Konservativ-Gehobenes Milieu
Das klassische Establishment; Verantwortungs- und Erfolgsethik; Exklusivitäts- und Statusansprüche; Standesbewusstsein; Wunsch nach Ordnung und Balance; Erosion der gesellschaftlichen Führungsrolle

Postmaterielles Milieu
Die aufgeklärte Bildungselite: kritische Weltsicht, liberale Grundhaltung und postmaterielle Wurzeln; Wunsch nach Selbstbestimmung und Selbstentfaltung sowie auch Gemeinwohlorientierung; Verfechter von Post-Wachstum, Nachhaltigkeit, diskriminierungsfreien Verhältnissen und Diversität

Milieu der Performer
Die fortschrittsoptimistische, effizienzorientierte Leistungselite: global-ökonomisches Denken; Selbstbild als Konsum- und Stil-Pioniere; hohe Technik- und Digital-Affinität; gesamtgesellschaftliche Perspektive auf der Basis von Eigenverantwortung

Expeditives Milieu
Die ambitionierte kreative Bohème: urban, jung, hip, nonkonformistisch; globale Mobilität: mental, kulturell, sozial, geographisch; Selbstbild als postmoderne Elite, auf der Suche nach neuen Grenzen und unkonventionellen Erfahrungen, Lösungen und Erfolgen; ausgeprägte Selbstdarstellungskompetenz

Adaptiv-Pragmatische Mitte
Der moderne Mainstream: ausgeprägter Lebenspragmatismus, Nützlichkeitsdenken; leistungs- und anpassungsbereit, aber auch Wunsch nach Spaß und Unterhaltung; gleichzeitig starkes Bedürfnis nach Verankerung und Zugehörigkeit; wachsende Unzufriedenheit und Verunsicherung aufgrund der gesellschaftlichen Entwicklung; Selbstbild als flexible Pragmatiker

Nostalgisch-Bürgerliches Milieu
Die harmonieorientierte (untere) Mitte: generelle Bejahung der gesellschaftlichen Ordnung; Wunsch nach beruflicher und sozialer Etablierung, nach gesicherten und harmonischen Verhältnissen und angemessenem Status; wachsende Überforderung und Abstiegsängste; Selbstbild als Mitte der Gesellschaft; gefühlter Verlust gelernter Regeln und Gewissheiten; Sehnsucht nach alten Zeiten

Neo-Ökologisches Milieu
Die Treiber der globalen Transformation: umwelt- und klimabewusster Lebensstil; Aufbruchsmentalität und Optimismus; gleichzeitig ausgeprägtes ökologisches und soziales Problembewusstsein; offen für neue Wertesynthesen: Disruption und Pragmatismus, Erfolg und Nachhaltigkeit, Party und Protest; Selbstbild als progressive Realisten

Traditionelles Milieu
Die Sicherheit und Ordnung liebende ältere Generation: verhaftet in der kleinbürgerlichen Welt bzw. in der traditionellen Arbeiterkultur; Anpassung an die Notwendigkeiten; steigende Akzeptanz der neuen Nachhaltigkeitsnorm; Selbstbild als rechtschaffene kleine Leute

Prekäres Milieu
Die um Orientierung und Teilhabe ("dazu gehören") bemühte Unterschicht: Wunsch, Anschluss zu halten an den Lebensstandard der breiten Mitte – aber Häufung sozialer Benachteiligungen, Ausgrenzungserfahrungen; Verbitterung und Ressentiments; Gefühl des Abgehängtseins; Selbstbild als robuste Durchhalter

Konsum-Hedonistisches Milieu
Die konsum- und entertainment-fokussierte (untere) Mitte: Spaßhaben im Hier und Jetzt; starkes Geltungsbedürfnis; häufig angepasst im Beruf, aber Ausbrechen aus den Zwängen des Alltags in der Freizeit (Eskapismus); zunehmend genervt vom Diktat der Nachhaltigkeit und Political Correctness; Selbstbild als cooler Lifestyle-Mainstream

Quelle: SINUS Markt- und Sozialforschung 2022

Abb. 4.2 Sinus Milieus kurz erklärt

unser Handeln maßgeblich durch Emotionen bestimmt wird, die im limbischen System des menschlichen Gehirns entstehen. Limbic Types bilden die emotionale Seite eines Menschen ab. Die Limbic Map zeigt den Emotionsraum des Menschen. Gegliedert wird er in drei Bereiche („Big 3"):

- **Balance:** Streben nach Sicherheit, Stabilität, Ordnung, Vermeidung von Angst und Unsicherheit
- **Dominanz:** Streben nach Macht, Status, Durchsetzung und Autonomie, Vermeidung von Fremdbestimmung und Unterdrückung
- **Stimulanz:** Streben nach Abenteuer, Abwechslung und Belohnung, Vermeidung von Langeweile und Reizarmut

Dabei gibt es auch Überschneidungen zwischen den verschiedenen Emotionssystemen: Abenteuer/Thrill als Schnittmengen von Stimulanz und Dominanz, Disziplin/Kontrolle als Schnittmenge von Balance und Dominanz und Fantasie/Genuss als Schnittmenge zwischen Balance und Stimulanz (s. Abbildung „Limbic Map") (Abb. 4.3).

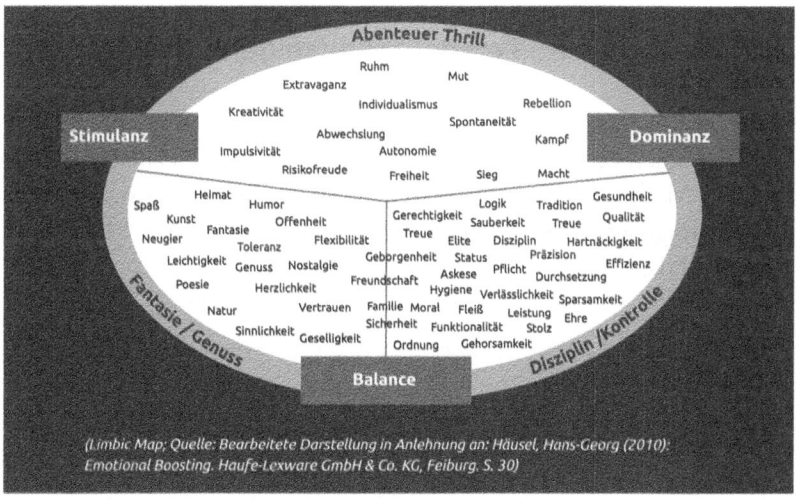

(Limbic Map; Quelle: Bearbeitete Darstellung in Anlehnung an: Häusel, Hans-Georg (2010): Emotional Boosting. Haufe-Lexware GmbH & Co. KG, Freiburg. S. 30)

Abb. 4.3   Limbic Map visualisiert

Aus der Limbic Map extrahieren die Schöpfer des Modells – die Gruppe Nymphenburg –verschiedene Emotionen und verdichten sie zu Typen. Diese werden dann Lymbic Types genannt. Beispielsweise haben wir den Typ „Abenteurer": risikobereit und impulsiv – und auf der anderen Seite den „Traditionellen", der an konservativen Werten festhält, sich nach Ordnung und Sicherheit sehnt und Wert auf logisches Denken, Struktur und Effizienz legt. Ein anderer Limbic Type wäre der „Harmoniser": Fürsorge und Bindung, Familie, soziale Harmonie und eine optimistische Grundhaltung haben hier einen hohen Stellenwert.

Außerdem bildet die Limbic Map alle Werte, Motive und Wünsche eines Menschen ab und setzt diese in Beziehung zueinander. Besonders effektiv erweist sich das Modell daher bei der Analyse des Kaufverhaltens, der Markenpositionierung, der Kommunikationspolitik und in Vorbereitung auf einen Sales Pitch. Aber auch, wenn es um die Entwicklung von Websites oder Software-Anwendungen geht, unterstützen die Limbic Types dabei, Präferenzen der Nutzer herauszuarbeiten. Somit können die Limbic Types eine wichtige Grundlage für die erfolgreiche Erstellung einer Candidate Persona sein, da sie verschiedene Werte und Motive in Relation zueinander setzen und damit eine ganzheitliche Betrachtung ermöglichen.

4.2.3 Die Big Five – Persönlichkeitseigenschaften

Die Psychologie unterscheidet fünf zentrale Charaktereigenschaften, die jeden Menschen beschreiben – genannt die „Big Five". Dabei kann man sich jedes Merkmal als Skala vorstellen. Nicht jede Eigenschaft ist bei jeder Person gleich stark ausgeprägt.

Die Big Five sind:

1. Verträglichkeit
2. Gewissenhaftigkeit
3. Offenheit
4. Extraversion
5. Neurotizismus

Je nachdem, welche Eigenschaft besonders ausgeprägt ist, werden Personen bestimmte Wesenszüge zugeschrieben. So sind z. B. Personen, die eine ausgeprägte Verträglichkeit haben, freundlich und empathisch. Die Attribute „organisiert" und „sorgfältig" werden gewissenhaften Charakteren zugeschrieben. Offene Menschen sind neugierig und scheuen sich nicht vor neuen Erfahrungen. Typen mit hoher Extraversion suchen Gesellschaft und gehen auf andere zu. Neurotiker sind verletzlich, schnell aus der Ruhe zu bringen und reagieren emotional.

Auf Grundlage der Ausprägung der verschiedenen Eigenschaften lassen sich Persönlichkeitsprofile erstellen. Diese unterstützen Sie wiederum, Ihre Zielgruppe besser kennenzulernen und einzugrenzen. Denn: Aus dem Persönlichkeitsprofil lassen sich Verhaltensweisen ableiten. So werden z. B. offene und extrovertierte Menschen lieber an Messen oder Veranstaltungen teilnehmen, während introvertierte, zurückhaltende Personen eine Kontaktaufnahme per E-Mail bevorzugen. Vergessen Sie nicht, dass jeder Entscheider auch ein Mensch ist, der seine eigene Persönlichkeit einbringt. Ein Beispiel: Mit einem neurotischen Chef, der schnell wütend wird und eher ablehnend auf Neues reagiert, werden Sie anders verhandeln, ihn anders ansprechen als einen harmoniebedürftigen, aufgeschlossenen Geschäftsführer. Auch die Unternehmensführung, die Erreichbarkeit und der Umgang mit Mitarbeitern und Bewerbende werden sich stark unterscheiden. Dementsprechend müssen Sie Ansprache, Tonalität, Vertriebswege und Kommunikationsmaßnahmen anpassen.

Persönlichkeitsprofile werden meist als Netz-Diagramme dargestellt, auf denen wie auf einem Koordinatensystem alle Ausprägungen der Big-Five-Charaktereigenschaften eingetragen werden. Die Abbildung „Netzdiagramm Big Five" zeigt beispielhaft ein solches Persönlichkeitsprofil (Abb. 4.4).

Ziel der Persönlichkeitsanalyse ist es also, aus den Persönlichkeitsprofilen Ihrer Bewerbenden bzw. potenziellen Bewerbenden relevante Verhaltensmuster abzuleiten. Diese lassen sich dann auf Ihre Candidate Personas übertragen – und Sie können Ihre Candidate Personas auch darauf basierend segmentieren, wenn Sie beispielsweise introvertierte und extrovertierte Zielgruppen unterscheiden möchten. Eine Candidate Persona mit einer hohen Ausprägung von Gewissenhaftigkeit wird wahrscheinlich gründlich die Karriereseite studieren, Videos

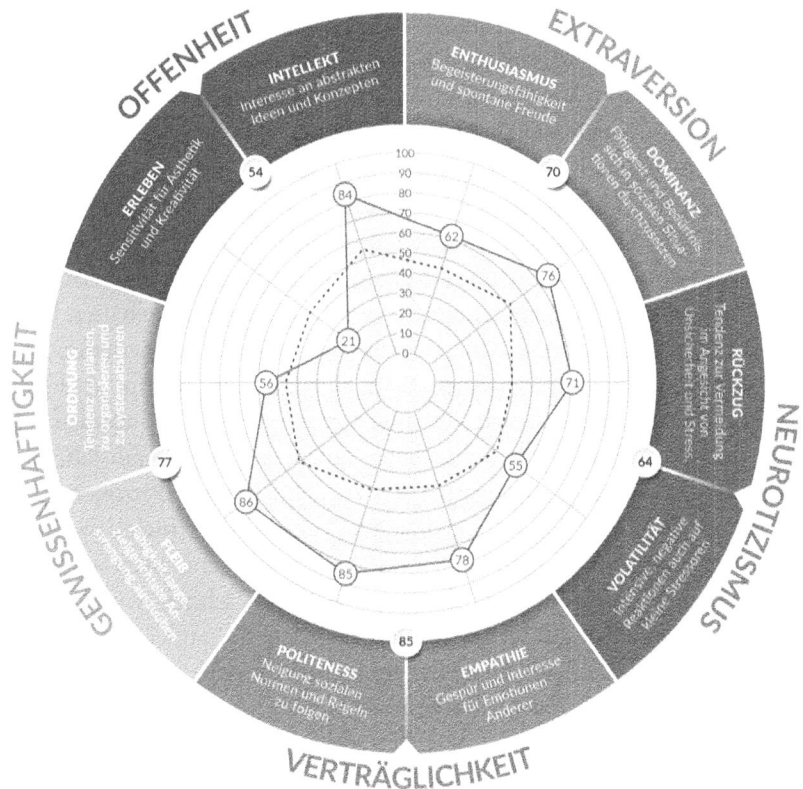

Abb. 4.4 Netzdiagramm Big Five

ansehen und sich mit aktuellen Mitarbeitenden vernetzen, bevor sie sich bewirbt. Extrovertierte Personen erreichen Sie mit starken, kräftigen Farben und einer direkten und lockeren Ansprache. Introvertierte Candidate Personas hingegen werden nüchterne Fakten und ein unaufgeregtes Layout bevorzugen.

Bedenken Sie dabei aber: Alle diese fünf Charakterzüge stecken in jedem von uns – nur in unterschiedlicher Ausprägung. Ihre Persona wird immer eine Kombination verschiedener Eigenschaften aufweisen – versteifen Sie sich also nicht zu sehr auf eine Eigenschaft. Und: Kombinieren Sie die Merkmale mit anderen Einstellungen und Verhaltensweisen Ihrer Persona, so wird sie lebendiger.

Ein Beispiel: Michael, 25 Jahre alt, spielt in seiner Freizeit im Fußballverein. Dort ist er Teamkapitän und ein echter Anführer (→ extrovertiert). Neben Fußball liebt Michael den Adrenalinkick. Ob Fallschirmspringen, Motocross oder Bungeejumping – er probiert gern neue Sportarten aus (→ offen). Leider ist Michael auch sehr leicht aus der Ruhe zu bringen und neigt zu Übersprunghandlungen, weshalb er auf dem Fußballplatz schon öfter die rote Karte sehen musste (→ neurotisch). Ansonsten beschreiben ihn seine Freunde und Kollegen als sympathischen und freundlichen Typ, der gerne mit seinen Mitbewohnern quatscht und stets ein offenes Ohr hat (→ extrovertiert, verträglich).

Übrigens: Sie können mithilfe der Big Five auch sogenannte negative Candidate Personas schneller erstellen, wenn Sie z. B. besonders neurotische Bewerbende meiden wollen. Was negative Candidate Personas sind, erfahren Sie im nächsten Abschnitt.

4.3 Exkurs: Was sind negative Personas?

Als Gegenstück zur positiven Candidate-Persona, von der wir bisher gesprochen haben, hat sich die negative Candidate-Persona etabliert. Im Gegensatz zur positiven Persona repräsentiert sie Bewerber, die ein Unternehmen nicht erreichen will. Oder anders gesagt: Negative Personas sind das genaue Gegenteil einer positiven Persona. Sie können dabei helfen, das Profil der positiven Personas zu schärfen.

Eine negative Candidate-Persona besteht aus Bewerbenden, die entweder:

a. Nicht zufrieden gestellt werden können,
b. Unverständlich bis aggressiv kommunizieren,
c. Kein Vertrauen in die Produkte oder den Service des Unternehmens haben,
d. Sich ohne fundierte Argumente beschweren und damit überflüssige Diskussionen befördern,
e. Oder eine Kombination aus diesen Eigenschaften aufweisen.

Zusätzlich zeichnet sich dies Gruppe von Bewerbenden dadurch aus, dass sie vergleichsweise hohe Kosten verursacht, zum Beispiel mit der unverhältnismäßigen Beschäftigung des Bewerberservices oder durch die Konvertierung vom Lead zum Bewerber. Insgesamt kann man also sagen: Bewerbende dieser Kategorie kosten das Unternehmen viel Geld, aber geben kaum etwas zurück, da sie schwer zufriedenzustellen sind.

Die Vorteile und Nachteile negativer Candidate Personas Negative Candidate Personas helfen dabei, Kommunikationsmaßnahmen besser zu optimieren, um sie zielgerichteter ausspielen zu können. Anders gesagt: Wenn Sie wissen, wen Sie **nicht** erreichen wollen, verschwenden Sie weniger Ressourcen an diese Gruppen. Folglich können Sie mehr Energie in die Personen investieren, die Sie **tatsächlich** erreichen wollen.

Anhand von negativen Candidate Personas können Sie prüfen, welche Maßnahmen in der Vergangenheit besonders Bewerbende herangezogen haben, die nicht zum Unternehmen gepasst haben und diese zukünftig verbessern. Zudem können Sie mithilfe der negativen Candidate Personas genauer eingrenzen, welche Inhalte, Ansprache, Tonalität oder Bilder Sie nicht nutzen sollten – und im Gegensatz darauf schließen, welche wirklich hilfreich sind. Sie vereinfachen damit Entscheidungsprozesse.

> Ein Beispiel: Im Marketing-Team herrscht Unklarheit darüber, ob die Social-Media-Persönlichkeit Ihres Unternehmens eher meinungsstark oder neutral agieren sollte. Die Analyse zeigt, dass sich besonders bei meinungsstarken Posts viele Personen zu Wort melden, die Sie zur negativen Candidate-Persona zählen. Dadurch kommen Sie überein: In Zukunft möchten Sie lieber auf eine neutrale Sprache zurückgreifen.

Natürlich gibt es auch Contra-Argumente zur Negativ-Persona. Zum einen schließen Sie mit solchen Strategien Bewerbende aus – Sie verkleinern also Ihren Bewerberstamm. Dem entgegen steht allerdings die Tatsache, dass die angesprochene Zielgruppe zwar verkleinert, aber auch präzisiert wird.

Ein weiteres Gegenargument: Die Erstellung einer negativen Persona bedeutet wiederum einen Mehraufwand, der zusätzlich gestemmt werden muss. Andererseits vermeiden Sie damit auch den zusätzlichen Aufwand, der entsteht, wenn sich Menschen bewerben, die eigentlich gar nicht zum Unternehmen passen.

Entwicklung einer negativen Persona Bei der Entwicklung einer negativen Persona gehen Sie im Grunde genommen genauso vor wie bei einer positiven Persona. Der Unterschied: Hier fokussieren Sie nicht die Bewerbergruppe, die Sie ansprechen wollen, sondern die, die Sie vermeiden wollen. Sie sammeln auch hier Daten zu: Demografie, Merkmalen, Zielen, Herausforderungen sowie Schwierigkeiten der Persona aus Unternehmenssicht.

Weiterführende Literatur

1. An, J., Kwak, H., Jung, S., Salminen, J., & Jansen, B. J. (2018a). Customer segmentation using online platforms: isolating behavioral and demographic segments for persona creation via aggregated user data. *Social Network Analysis and Mining* 8(1).
2. Barth, B. et al. (Hrsg.) (2017). *Praxis der Sinus-Milieus®*. Springer VS.
3. Exley, J., Doyle, P., & Campbell, W.K. (2022). *Professor ocean: a small fable of personality's big five*. Professor OCEAN LLC
4. Häusel, H.-G. (2005). *Think Limbic!, Die Macht des Unbewussten nutzen für Management und Verkauf* (6. Aufl). Haufe.
5. Hitzges, A., (Hrsg). (2018). *Die Big Five im Marketing, Schriftenreihe Bachelor-Resümee*. Hochschule der Medien.
6. Pätzmann, J.-U., & Adamczyk, Y. (2020). *Customer insights mit archetypen*. Springer Gabler.
7. Schade, F. (2017). Das Leben der anderen. Chancen und Grenzen der Zielgruppensegmentierung mit Lebensstil- und Milieutypologien. In P. Hauke, A. Kaufmann, V. Petras (Hrsg.), *Bibliothek – Forschung für die Praxis. Festschrift für Konrad Umlauf zum 65. Geburtstag*. De Gruyter.
8. Widiger, T. A. (Hrsg.). (2017). *The oxford handbook of the five factor model*. Oxford University Press.

9. Zaharia, S., & Hackstetter, T. (2017). Segmentierung von Onlinekäufern auf Basis ihrer Einkaufsmotive. In Deutscher Dialogmarketingverband e.V. (Hrsg.), *Dialogmarketing Perspektiven 2016/17. Tagungsband 11. wissenschaftlicher interdisziplinärer Kongress für Dialogmarketing*. Springer Gabler.

5

Daten erheben und Daten sammeln

In diesem Kapitel besprechen wir, worin der Unterschied zwischen quantitativen und qualitativen Studien liegt, was Sie bei der **Erhebung eigener Daten für Ihre Candidate Persona** beachten sollten und welche Erkenntnisse Sie daraus ziehen können. Zudem geben wir Ihnen Tipps für Ihre eigenen Umfragen.

5.1 Quantitative vs. Qualitative Studien

In der Methodenforschung werden quantitative und qualitative Studien unterschieden. Der Unterschied liegt darin, wie der Name vermuten lässt, wie viele Personen befragt werden und wie intensiv diese Befragung stattfindet.

Bei einer quantitativen Umfrage bekommt eine repräsentativ ausgewählte Gruppe an Personen – man sagt grob zwischen 100 und 1.000 Personen je nach Grundgesamtheit – einen standardisierten, d. h. einheitlichen Fragebogen. Dort sind vor allem geschlossene Fragen zu finden. Das sind Fragen, bei denen die Antwortmöglichkeiten bereits vorgegeben sind und der/die Befragte nur noch ankreuzen muss. Das setzt aber auch voraus, dass die möglichen Antwortoptionen bereits

S. Rippler, *Das Persona-Prinzip*, https://doi.org/10.1007/978-3-658-38979-6_5

bekannt sind. Durch diese vorgegebenen Antwortoptionen können die großen Datenmengen schnell maschinell ausgewertet werden. Mithilfe einer quantitativen Studie können Sie vor allem eine Aussage über viele Menschen treffen und statistisch signifikante Effekte nachweisen. Die meisten Studien, die Sie z. B. über Statista oder das Statistische Bundesamt finden, sind quantitative Studien.

Qualitative Studien werden hingegen mit einer geringen Stichprobe an Probanden – meist unter 20 Personen – durchgeführt. Hier wird oftmals die Methode der Interviewbefragung ausgewählt. In der Regel bekommen die Befragten offene Fragen gestellt, d. h. es sind keine. Antwortmöglichkeiten vorgegeben. Qualitative Studien lassen keine statistischen Schlüsse zu. Doch Sie können mithilfe qualitativer Studien viel mehr über das Individuum an sich, seine Beweggründe, Wahrnehmung, Erfahrungen etc. erfahren. Die gegebenen Antworten können nur sehr schwer maschinell ausgewertet werden und müssen daher meist manuell analysiert werden. Qualitative Befragungen lohnen sich vor allem, wenn Sie etwas erfahren wollen, über das Sie noch keine datenbasierten Annahmen treffen können. Anders gesagt: Wenn Sie noch nicht wissen, welche Antwortoptionen in Betracht kommen.

Zwei Anwendungsfälle

Ein klassisches Beispiel für eine quantitative Befragung ist die Abfrage demografischer Daten. So sind z. B. die Ausprägungen von Bildung bekannt. Der Befragte kann einen der bestehenden Bildungsabschlüsse ankreuzen. Am Ende wissen Sie, wie viele Befragte einen bestimmten Abschluss, z. B. Hochschulabschluss haben.

Ein klassisches Beispiel für eine qualitative Befragung ist die Frage nach Gründen, z. B. wieso ein Bewerbungsprozess abgebrochen wurde. Hier haben Sie möglicherweise Vermutungen und Annahmen, wieso der/die Bewerbende den Bewerbungsprozess nicht zu Ende gebracht hat. Aufschluss über die wirklichen Hintergründe gibt aber erst das Interview. Am Ende kennen Sie einen oder mehrere Gründe, wieso der Bewerbungsprozess abgebrochen wurde. Aber Vorsicht: Sie können nicht sagen, für wie viele Bewerbende diese Gründe gelten. Dafür bräuchten Sie eine quantitative Analyse (Abb. 5.1).

Quantitative vs. Qualitative Umfragen

Quantitative Umfragen	Qualitative Umfragen
• repräsentative Stichprobe (meist Zufallsverfahren) • meist 100 bis 1.000 Befragte • standardisierter Fragebogen • überwiegend geschlossene Fragen, klar vorgegebene Antwortmöglichkeiten • Ziel: Bekanntes messen	• kleine Stichprobe (meist bewusste Auswahl) • meist 5 bis 20 Befragte • Fragebogen als Leitfaden • überwiegend offene Fragen, Antwortmöglichkeiten nicht (klar) vorgegeben • Ziel: Unbekanntes erfahren
Beispiel: Abfrage demografischer Daten, Mediennutzung, politische Einstellung, ...	Beispiel: Frage nach Motivationen, Erfahrungen. Wahrnehmungen, ...

Abb. 5.1 Qualitative vs. quantitative Umfragen

Weitere Erhebungsmethoden Neben quantitativen Befragungen und Tiefen-Interviews gibt es noch weitere Methoden, relevante Informationen über Ihre Zielgruppe zu erlangen. Wir stellen Ihnen drei davon vor:

Gespräche in Fokusgruppen

Für eine Fokusgruppe wählen Sie fünf bis zehn Bewerbende aus. Diese sollen dann miteinander über verschiedene Themen diskutieren, z. B. über eine Karriere-Kampagne oder die Unternehmenskarrierewebsite. Sprechen Sie verschiedene Schwerpunkte an, um tiefergehende Einblicke zu erhalten.

Gespräche in Fokusgruppen können auch als Vorbereitung für weitere Interviews dienen. Sie zeigen auf, was potenzielle Bewerbende bewegt. So bekommen Sie eine neue Perspektive direkt aus Bewerbenden- bzw. Unternehmenssicht. In einer offenen Diskussion können Sie direkt erfahren, welche Themengebiete der Zielgruppe wichtig sind, können eventuelle Schwachstellen aufdecken und bekommen Inspirationen für neue Maßnahmen.

Contextual Inquiry
Auf Job- und Karrieremessen können Kandidat/innen sowie Bewerbende direkt angesprochen werden, an einer Umfrage teilzunehmen – sie werden direkt vor Ort basierend auf einem vorbereiteten, standardisierten Fragebogen befragt. Das bietet verschiedene Vorteile: Ein Hauptgrund ist, in Erfahrung zu bringen, wie Kandidat/innen sowie Bewerbende ticken bzw. was sie bewegt. Auf dieser Basis können dann die bestehenden Modelle und Konzepte angepasst werden – basierend auf der Meinung von mehreren zur eigenen Candidate Persona passenden Bewerbenden oder potenziellen Bewerbenden.

Insights aus dem Team
Zugegeben, bei diesem Punkt handelt es sich nicht um eine eigene Methode. Aber wenn Sie z. B. zu wenig Geld oder Zeit für eine eigene Studie haben, kann dieser Prozess Ihnen helfen. Im Unternehmen weiß niemand besser, welche Skills und Charaktereigenschaften ins Team passen als die Fachabteilung. Sprechen Sie mit möglichst vielen Vertretern der Fachabteilung. Bilden Sie am besten Teams von mindestens drei Kollegen, die Sie befragen. Danach gleichen Sie die Insights ab und können daraus eine Proto-Persona erstellen. Die untermauern Sie nun mit weiteren Daten. Dazu können Sie Business-Intelligence-Daten, Webtracking-Analysen, Social-Media-Auswertungen, Umfragedaten etc. nutzen. Wir empfehlen, dafür in den entstandenen Prototyp-Personas die Punkte zu markieren, die noch nicht datenbasiert sind und die Lücken im Anschluss aufzufüllen.

Ein weiterer Bonus dieses Prozesses: Alle Teilnehmenden lernen gemeinsam, die Zielgruppe besser zu verstehen und können sich im Optimalfall auf einen Konsens einigen.

5.2 Warum wir Daten erheben

Wie bereits in Kap. 2 besprochen, können Sie neben bereits existierenden Studien auch unternehmenseigene Erhebungen durchführen. Das lohnt sich insbesondere bei Fragen zur Bewerbungserfahrung und zur Candidate Journey, da diese für jedes Unternehmen individuelle Faktoren sind. Oder bei Daten, die Ihnen zwar aus repräsentativen Studien vorliegen, aber besonders wichtig sind – und die Sie deshalb validieren wollen.

Auf Basis der erhobenen Daten sollten Sie folgende Fragen beantworten können:

- Wie nehmen Bewerbende Ihr Unternehmen wahr? Wie nehmen Bewerbende den Bewerbungsprozess wahr?
- Welche Probleme haben Bewerbende? Wo brechen die meisten den Bewerbungsprozess ab und warum?
- Warum suchen Bewerbende bei Ihren Unternehmen nach einem Job?
- Zu welchem Zeitpunkt suchen Bewerbende nach einem Job, wie Sie ihn anbieten? Warum zu diesem Zeitpunkt – was ist der Auslöser, dass die Bewerbenden nun auf Ihr Unternehmen zurückgreift?
- Was erwarten Bewerbende, wenn Sie sich bei Ihnen bewerben?
- Welche Entscheidungskriterien nutzen Bewerbende? Auf welche Eigenschaften Ihrer Firma konzentrieren sie sich bei der Abwägung, ob sie sich bewerben oder nicht?
- Welche Ressourcen nutzen Ihre Bewerbenden in den Phasen des Bewerbungsprozesses?
- Welche Einstellungen oder Probleme halten Bewerbende davon ab, sich für Ihr Unternehmen zu entscheiden?
- Welche Bewerbende sind Ihrem Unternehmen und Ihrem Stellenangebot gegenüber aufgeschlossen? Welche Bewerbende ignorieren Ihr Stellenangebot, egal, was Sie tun?
- Wie denken Ihre Bewerbenden? Wie können Sie deren Perspektive einnehmen?

Diese Fragen sind wichtig, da jede Frage einen Touchpoint in der Candidate Journey umfasst. Wenn Sie wissen, wann und mit welcher Motivation sich Bewerbende für Ihr Unternehmen entscheiden, können Sie dort ansetzen und HR- und Marketingaktivitäten daran anpassen. Genauso können Sie die Erwartungen Ihrer Bewerbenden nur erfüllen, wenn Sie sie kennen. Auf der anderen Seite sollten Sie wissen, welche Vorteile Ihre Bewerbenden an Ihnen schätzen, um diese noch zielgenauer zu kommunizieren. Nicht zuletzt sollten Sie auch mögliche

Probleme kennen und wissen, wann diese auftreten – sodass Sie besser eingreifen können.

Diese Fragen helfen Ihnen also nicht nur, Ihre Bewerbenden und deren Bedürfnisse besser kennenzulernen, sondern Sie können sich auch besser in die Bewerberperspektive hineinversetzen. Außerdem wissen Sie, an welchen Punkten der Candidate Journey Sie ansetzen sollten.

5.3 Segmentierte vs. Nicht-segmentierte Studie

Wenn Sie aktuell noch nicht alle der oben genannten Fragen beantworten können –sollten Sie sich zunächst entscheiden, ob Sie eine segmentierte Studie oder eine nicht-segmentierte Studie durchführen wollen.

Bei einer segmentierten Studie werden mehrere Bewerbertypen und ihre Bewerbungserlebnisse gegenübergestellt und miteinander verglichen. Hier sollten Sie mindestens zehn Bewerbende befragen. Bei einer nicht-segmentierten Studie befragen Sie nur einen bestimmten Bewerbertyp, der Sie besonders interessiert. Hier empfehlen wir sechs bis neun Teilnehmende pro Segment. Ihre Studie segmentieren sollten Sie, wenn Sie

a. ausreichend Ressourcen und Kapazitäten für eine umfassendere Erhebung haben.
b. einen besonders vielfältigen, weit-entwickelten Markt abdecken wollen.
c. verschiedene Marketingstrategien für unterschiedliche Zielgruppen testen wollen.
d. wenn Sie klären wollen, wie viele unterschiedliche Zielgruppen Sie haben, bzw. wie viele Personas Sie brauchen.

Bei der Segmentierung Ihrer Studie können Sie so vorgehen, wie in Kap. 3 bereits besprochen. Allerdings können Sie die Studie individuell an Ihre Problemstellung anpassen.

Eine andere Option wäre, eine derzeitige Randzielgruppe näher zu betrachten, weil Sie sie zur Hauptzielgruppe entwickeln wollen.

5.4 Durchführung

Nachdem Sie sich für eine segmentierte oder nicht-segmentierte Studie entschieden haben, geht es an die Durchführung.

Vorbereitung Vorbereitend auf die Studie sollten Sie folgende Fragen klären:

* Welche Fragen wollen Sie stellen? Was wollen Sie wissen?
* Welche Bewerbenden wollen Sie konkret befragen?
* Wie erreichen Sie diese Bewerbenden?

Im Abschnitt „Warum wir Daten erheben" haben wir bereits erläutert, was Sie über Ihre Bewerbenden wissen sollten. Hier sollten Sie die für Sie wichtigsten Informationen priorisieren und dazu passende Fragen entwickeln. Je nachdem, ob Sie eine qualitative oder quantitative Befragung durchführen, überlegen Sie sich offene oder geschlossene Fragen. Für die Untersuchung von Bewerbermotivationen empfehlen wir offene Fragen und eine kleine Stichprobe an Bewerbenden.

Welche Bewerbenden Sie konkret befragen, müssen Sie sich auch überlegen. Hier unterscheiden wir zwischen Bewerbenden und potenziellen Bewerbenden. Beide können relevante Informationen liefern, warum sie sich bewerben oder es (noch) nicht in Erwägung ziehen, sich zu bewerben. Anschließend erstellen Sie eine Teilnehmerliste, in die Sie alle Personen aufnehmen, die für die Umfrage in Betracht kommen. Dazu können Sie z. B. auf evtl. vorhandene Mailingverteiler zurückgreifen oder auf Ihre CRM-Daten und eigene Bewerbenden, die den von Ihnen gewählten Kriterien entsprechen.

Bitte beachten Sie, dass selbst bei wissenschaftlichen Befragungen nur eine geringe Rücklaufquote erwartet wird. Seien Sie also nicht enttäuscht, wenn von den Teilnehmenden nur wenig Resonanz zurückkommt und notieren Sie sich lieber noch ein paar mehr Bewerbende, die Sie für eine Teilnahme anfragen können.

Um einen Anreiz zur Teilnahme an Ihrer Befragung zu schaffen, können Sie auch mit sogenannten Incentives arbeiten. Das sind finanzielle oder materielle Anreize – z. B. ein die Verlosung eines Amazon-Gutscheins – die Bewerbende zur Teilnahme verleiten sollen.

Um Teilnehmende für Ihre Befragung zu gewinnen, empfehlen wir die folgenden Schritte bei der Ansprache:

1. Stellen Sie sicher, dass Sie die richtigen Ansprechpartner gefunden haben
2. Stellen Sie sich selbstbewusst vor (via Telefon oder E-Mail)
3. Stellen Sie Ihr Vorhaben vor und erläutern Sie, warum die Teilnahme für Sie wichtig ist
4. Kommunizieren Sie alle wichtigen Eckdaten: Termin und Dauer, Hintergrund und Inhalt der Befragung, Ansprechpartner
5. Fragen Sie direkt nach der Teilnahmebereitschaft
6. Bei Unsicherheit: Geben Sie dem Teilnehmenden Bedenkzeit und melden Sie sich später erneut.
7. Bei Absage: Bedanken Sie sich für das Gespräch und kontaktieren Sie die Person nicht mehr zu diesem Thema.
8. Bei Zusage: Bedanken Sie sich für die Hilfsbereitschaft. Bei einem Telefongespräch senden Sie im Anschluss eine schriftliche Bestätigung mit den wichtigsten Eckdaten.
9. Schließen Sie das Gespräch freundlich.
10. Senden Sie kurz vor dem Interview-Termin eine Erinnerung an den/die Teilnehmenden.

Außerdem wichtig:

- Denken Sie bei der Kontaktaufnahme daran, klarzumachen, dass Sie ihm nichts verkaufen oder „aufschwatzen" wollen.
- Nennen Sie, wenn möglich, Incentives.
- Geben Sie unsicheren Menschen Bedenkzeit und kontaktieren Sie diese später erneut.
- Bauen Sie im Gespräch keinen Druck auf.
- Bleiben Sie stets freundlich und höflich.
- Ärgern Sie sich nicht, wenn Sie keine Antwort bekommen.

Erhebung Die Zeit der Interviews ist gekommen. Wenn Sie eine qualitative Studie geplant haben, wie wir es empfehlen, sollten Sie bestenfalls ein persönliches Interview via Video- oder Telefonkonferenz führen.

Schriftliche Interviews sind weniger effektiv, da die Spontanität der Antworten unterbunden wird. Der/die Kandidat/in hat viel Bedenkzeit und Nachfragen gestalten sich schwierig.

Wir empfehlen das Interview vorher an einer Testperson zu testen, um Fehlerquellen und Stolperfallen zu minimieren. Zudem werden Sie so als Interviewer sicherer. Alternativ können Sie auch einen professionellen Interviewer engagieren.

Wenn Sie Ihre Fragen vorbereitet haben und die Interviewpartner bereit sind, dann helfen Ihnen die folgenden Tipps, das Interview erfolgreich zu meistern:

1. Öffnen Sie das Gespräch mit einem Eisbrecher. Dabei handelt es sich um niederschwellige Einstiegsfragen, z. B. „Wie sind Sie in die Woche gekommen?"

2. Lassen Sie den Gesprächspartner immer ausreden und unterbrechen Sie Ihn nur, wenn er zu stark vom Thema abschweift.

3. Stellen Sie offene Fragen!

4. Vermeiden Sie Suggestiv-Fragen, die das Interview in eine Richtung lenken, wie „Sie sind doch mit unser Karriereseite zufrieden, oder?"

5. Haben Sie keine Angst, den Bewerber zu nerven: Haken Sie nach, wenn eine Frage nicht zufriedenstellend beantwortet wurde.

6. Seien Sie zuvorkommend und ehrlich interessiert an dem, was der Teilnehmende zu sagen hat.

7. Reagieren Sie nicht auf Kritik, indem Sie sich rechtfertigen. Sie wollen die Meinung des Teilnehmenden wissen und kein Feedback-Gespräch führen.

8. Wenn Sie sich unsicher sind, führen Sie das Gespräch zu zweit mit einem Kollegen oder einem erfahrenen Interviewer an Ihrer Seite.

9. Lassen Sie sich nicht ablenken und berichten Sie nicht zu viel von sich selbst. Es geht hier um den/die Teilnehmende/n und seine Sicht.

10. Zeigen Sie sich dankbar, auch und vor allem, wenn der/die Teilnehmende Kritik äußert.

Wenn Sie diese Tipps beherzigen, sollte nichts schiefgehen. Und wenn doch: Machen Sie sich nicht zu viel Druck, Sie werden von Interview zu Interview sicherer!

Wir empfehlen, das Interview (mit Einverständnis aller Beteiligten) aufzunehmen. Alternativ können Sie die Antworten auch schriftlich protokollieren. Der Nachteil hierbei: Sie konzentrieren sich auf das Aufschreiben und können dem Interviewpartner weniger Aufmerksamkeit widmen. Zudem besteht die Gefahr, wichtige Informationen zu vergessen. Eine Alternative wäre es, eine/n Mitarbeitende/n zuzuschalten, der allein für das Protokollieren zuständig ist.

5.5 Key Learning Points

Hier haben wir für Sie noch einmal zusammengefasst, wie Ihre Datenerhebung ablaufen sollte und was Sie dabei beachten sollten.

Ablauf

- Welche Quellen können Sie nutzen, um Daten über Ihre Zielgruppe zu erhalten?
- Welche Daten benötigen Sie, um Ihre Zielgruppe zu beschreiben?
- Welche Fragen bleiben offen? Welche Daten können Sie nicht aus verfügbaren Studien erhalten?
- Haben Sie ausreichend Ressourcen für eine eigene Erhebung? Wollen Sie eine eigene Studie durchführen?
- Wollen Sie eine qualitative oder quantitative Studie durchführen?
- Wen wollen Sie befragen? Welche Bewerbertypen wollen Sie kennenlernen? Wie erreichen Sie diese Bewerber?
- Wollen Sie eine segmentierte oder nicht segmentierte Studie durchführen?
- Welche konkreten Fragen wollen Sie stellen? Was wollen Sie wissen?
- Wie und wann wollen Sie Ihr Interview durchführen? Wer ist dafür zuständig? Wie halten sie die Antworten fest?
- Interview führen

Interview-Leitfaden

Erinnern Sie sich an den Tag, an dem Sie zum ersten Mal beschlossen haben, sich bei uns zu bewerben Was hat dieses Bedürfnis ausgelöst?

- Gab es noch andere Faktoren, die diese Entscheidung beeinflusst haben?
- Wenn der Teilnehmende Schwierigkeiten hat, sich genau auszudrücken] Waren Sie die Person, die entschieden hat, dass dies oberste Priorität hat, oder wer (Rolle) hat entschieden? In welcher Situation haben Sie sich für eine Bewerbung entschieden?
- Sie haben auch gesagt, dass Sie ___ erwarten, wenn Sie sich bei uns bewerben. Wie haben Sie erfahren, dass wir diesen Benefit bieten?

Nachdem Sie sich zu dieser Bewerbung entschlossen hatten, was haben Sie zuerst getan?

- Was haben Sie sonst noch getan? (bis zu drei Mal wiederholen)
- Was haben Sie über die Unternehmen/Dienstleistungen/Produkte in Erfahrung gebracht, die Ihnen am interessantesten erschienen?

  – Sie erwähnten ___, was war daran besonders wichtig?
  – Wiederholen Sie die vorherige Frage für alle Antworten.

- Welche Informationen waren am schwierigsten zu finden?
- Wie haben die gefundenen Informationen Ihre Wahl der Arbeitgeber beeinflusst?
- Waren Sie die einzige Person, die diese Recherche durchgeführt hat, oder waren andere daran beteiligt?
- Wie viele Unternehmen haben Sie zu diesem Zeitpunkt evaluiert?

Sie hatten also [Zahl aus vorheriger Frage] Job-Angebote im Kopf, was haben Sie als nächstes getan?

- Was haben Sie daraus gelernt?
- Was Sie über ___ gesagt haben, war interessant. Erzählen Sie mir mehr darüber.
- Gab es irgendwelche externen Ressourcen, die Ihnen in dieser Phase besonders geholfen haben?
- Wie viele Stellenangebote haben Sie nach [oben genannte Erfahrung] weiter geprüft?
- Was unterscheidet diese Stellenangebote von denen, die Sie nicht in Betracht gezogen haben?
- Gab es Meinungsverschiedenheiten darüber, welche Stellenangebote Sie weiter evaluieren sollen?

Weiterführende Literatur

1. Gansser, O., & Krol, B. (Hrsg.) (2021). *Moderne Methoden der Marktforschung: Kunden besser verstehen (FOM-Edition)*. Springer Gabler.
2. Jílková, P. (2020). Customer behaviour and B2C client segmentation in data-driven society. *International Advances in Economic Research, 26*(3), 325–326.
3. Keller, B. et al. (Hrsg.) (2020). *Marktforschung für die Smart Data World: Chancen, Herausforderungen und Grenzen*. Springer Gabler.
4. Koch, J., & Riedmüller, F. (2021). *Marktforschung: Grundlagen und praktische Anwendungen, Berlin: De Gruyter Studium.*
5. Pätzmann, J.-U., & Adamczyk, Y. (2021). *Marktforschung: Grundlagen und praktische Anwendungen.* De Gruyter Studium.
6. Steffen, A., & Doppler, S. (2019). *Einführung in die Qualitative Marktforschung.* Springer Gabler.

6

Daten auswerten

In diesem Kapitel lernen Sie, wie Sie die Ergebnisse Ihrer eigenen Umfrage zur Erstellung einer Candidate Persona sinnvoll nutzen und auswerten. Dabei gehen wir auf die von uns empfohlene Variante – das qualitative Interview – ein. Wir zeigen, wie Sie Ihre Rohdaten richtig ordnen, um den größtmöglichen Nutzen daraus zu ziehen.

Hinweis: Falls Sie selbst eine quantitative Umfrage durchführen (wollen), empfehlen wir Ihnen das Handbuch Methoden der empirischen Sozialforschung.

6.1 Interviews transkribieren und codieren

Haben Sie das Interview, wie empfohlen aufgenommen, so geht es nun an die Transkription. Das Ziel: die Antworten des/der Teilnehmer/in so übersichtlich und verständlich wie möglich niederzuschreiben. Natürlich kann das auch eine Software übernehmen, doch diese kann keinen Unterschied in den Tonlagen oder der Stimme des Befragten erkennen. Wenn Ihr/e Teilnehmer/in beispielsweise Kritik ironisch anmerken will,

© Der/die Autor(en), exklusiv lizenziert an Springer Fachmedien Wiesbaden GmbH, ein Teil von Springer Nature 2022
S. Rippler, *Das Persona-Prinzip*, https://doi.org/10.1007/978-3-658-38979-6_6

wird die Software das nicht detektieren können. Daher empfehlen wir die Transkription per Hand.

Bestenfalls tragen Sie die wichtigsten Aussagen des/der Teilnehmers/ in direkt in ein vorgefertigtes Schema ein. Dort ergänzen Sie später weitere Informationen, um die Aussagen in Kategorien zu ordnen. In der Fachsprache nennt man das „Codieren". Dies machen Sie für alle Abschnitte Ihres Interviews, z. B. Persona-Profil, Entscheidungskriterien, Hürden bei der Bewerbung etc. Sie brauchen also pro Sinnabschnitt eine eigene Tabelle.

Wir empfehlen eine Tabelle nach dem folgenden Schema (Tab. 6.1).

Das Ziel: Gemeinsamkeiten zwischen den Befragten zu finden, um sie später anhand dieser Merkmale zu gruppieren. Daraus bauen wir dann unsere Candidate Persona.

Muster finden Sie müssen dabei nicht das gesamte Interview in der Tabelle eintragen. Es reichen die wichtigsten zentralen Zitate und Aussagen. Am Ende sollten pro Kategorie (Spalte D: Strukturanalyse) zwischen drei und vier Zitate stehen. Wenn Sie zwei sehr ähnliche Meinungen haben, sollten Sie abwägen, ob Sie a) eine der beiden löschen oder b) eine der beiden auch auf einen anderen Interview-Abschnitt passt und sie dort einfügen.

Die Zitate sollten möglichst eine große Bandbreite der jeweiligen Kategorie abbilden.

Tab. 6.1 Transkription durch Reduktion

Worte des/ der Teilnehmenden (Zitate)	Quelle	Grundgedanke	Strukturanalyse	Überschrift
Hier tragen Sie ein, was er/sie Ihnen mitteilt	Hier steht der Name des/ der Teilnehmenden und ggf. seine Region oder Firma	Formulieren Sie die Botschaft des/ der Teilnehmenden in einer Wortgruppe	Finden Sie Kategorien, in die Sie die Teilnehmenden einteilen	Hier fassen Sie die wichtigsten Punkte als Überschrift zusammen. Diese Spalte ist optional

Beispiel: Karla B. ist einerseits mutig, weil sie erst einen neuen Job sucht, wenn sie den alten gekündigt hat. Auf der anderen Seite ist sie pragmatisch, da sie schon länger einen neuen Job wollte, aber die Umstände nicht gepasst haben (kein Geld, keine Zeit etc.).

Vergessen Sie nicht: Es geht bei der Auswertung darum, Muster zu finden. Aus diesen Mustern entstehen später die Personas.

In der letzten Spalte der Tabelle formulieren Sie darum eine Überschrift oder einen Slogan, der stellvertretend für diese Zielgruppe steht. Sie beschreiben hier nicht den/die Befragten konkret, sondern treffen eine allgemeine Aussage. Tonalität und Sprache sollten Sie an die Kategorie des/der Befragten anpassen.

Am Ende sollten Sie für jeden Abschnitt Ihres Interviews eine eigene Tabelle (oder einen Excel-Tab) haben. Im besten Fall sollte jede Tabelle eine neue Dimension oder einen neuen Fakt zur Persona beitragen. Anders gesagt: Das Bild der Candidate Persona sollte von Tabelle zu Tabelle klarer werden.

Das Ergebnis

Wenn Sie alle Informationen aus den Interviews herausgesucht und kategorisiert haben, sollten Sie diese ordnen. Wir empfehlen entweder nach vorher festgelegten Kriterien zu segmentieren (s. Kap. 4) oder nach den Kategorien vorzugehen. D. h. Sie teilen die Befragten vor dem Interview ein, z. B. in potenziell Interessierte und Bewerber. Dort können Sie dann, falls es sich anbietet, nochmal Unterscheidungen vornehmen, z. B. potenzielle Interessenten nach den Hindernissen bei der Bewerbung aufteilen. So mag Bewerbergruppe A sich noch nicht bei Ihnen bewerben, weil die Website zu unübersichtlich ist, Bewerbergruppe B bewirbt sich nicht bei Ihnen, weil Ihr Unternehmen altmodisch und unmodern wirkt etc.

Bei einer nicht-segmentierten Studie, in der Sie z. B. nur Bewerbende/aktuelle Mitarbeiter, die sich bei Ihnen beworben haben, befragen, sollten Sie nach der Codierung ebenfalls Ihre Bewerbende kategorisieren.

Hier ein Beispiel:

Bewerbergruppe A
- 18 bis 25 Jahre alt
- männlich und weiblich
- Generation Z
- Primärer Bewerbungsgrund: Unternehmenskultur
- Fokus auf Ethik
- Sinus-Milieu: Neo-Ökologisches Milieu
- Geringe bis mittlere Kaufkraft
- Wahrnehmung des Unternehmensimages: lässig, cool, zeitgemäß, modern
- Kritik: unmoderner Social-Media-Auftritt des Karriere-Bereichs
- ...

Bewerbergruppe B:
- 26 bis 35 Jahre alt
- vorwiegend weiblich
- Generation Y
- Primärer Bewerbungsgrund: nachhaltiges Unternehmen
- Fokus auf den Umweltschutz
- Sinus-Milieu: Neo-Ökologisches Milieu
- Mittlere bis hohe Kaufkraft
- Wahrnehmung des Unternehmensimages: lässig, cool, zeitgemäß, modern
- Kritik: Karriere-Newsletter zu häufig
- ...

Anhand dieses Beispiels sehen Sie, dass die Bewerbergruppen nicht grundverschieden sein müssen, sondern auch einige Gemeinsamkeiten aufweisen können (z. B. dasselbe Sinus-Milieu).

Am Ende sollten Sie Ihre Befragten in einige kleinere Gruppierungen zerlegt haben. Daraus entstehen dann die Candidate Personas (mehr dazu im nächsten Kapitel).

Sie können verschiedene Arten von Daten zu jeder Gruppierung akquiriert haben.

6.2   Key Learning Points

- Interview führen: Bewerber zu vorher festgelegten Themen befragen

- Transkribieren: Interview verschriftlichen per Hand oder mithilfe einer Software
- Codieren – Kerninformationen nach Sinnabschnitten getrennt in eine Tabelle eintragen (Zitate & Quelle)
- Tabelle anlegen und vervollständigen: Stichpunkte des Gesprächs in einer Tabelle zusammenfassen und abstrahieren (Grundgedanke, Kategorie & Überschrift)
- Muster suchen: Wiederkehrende Grundgedanken und Kategorien erkennen und vormerken
- Gemeinsamkeiten finden: Bewerbende nach Gemeinsamkeiten clustern mit Fokus auf Grundgedanken und Kategorie
- Bewerberprofile erstellen: Ermittelte Daten zusammentragen, mit weiteren Daten (z. B. auch Recherche oder Analysetools) anreichern
- Persona gestalten: Eigenständig oder mithilfe eines Tools (siehe Kapitel 6)

Weiterführende Literatur

1. An, J., Kwak, H., Salminen, J., Jung, S., & Jansen, B. J. (2018). Imaginary people representing real numbers: Generating personas from online social media data. *ACM Transactions on the Web (TWEB), 12*(4), 27.
2. Backurs, A., Indyk, P., Onak, K., Schieber, B., Vakilian, A., and Wagner, T. (2019). *Scalable fair clustering*. ArXiv Preprint ArXiv:1902.03519.
3. Baur, N., & Blasius, J. (Hrsg.). (2014). *Handbuch Methoden der empirischen Sozialforschung*. Springer VS.
4. Bera, S., Chakrabarty, D., Flores, N., & Negahbani, M. (2019). Fair algorithms for clustering. *Advances in Neural Information Processing Systems*, 4954–4965.
5. Fuß, S., & Karbach, U. (2019). *Grundlagen der Transkription*. UTB.
6. Ortiz-Cordova, A., & Jansen, B. J. (2012). Classifying web search queries in order to identify high revenue generating customers. *Journal of the American Society for Information Sciences and Technology, 63*(7), 1426–1441. https://onlinelibrary.wiley.com/doi/abs/10.1002/asi.22640. Zugegriffen: 15. Juni 2022.
7. Rashedi, J. (2020). *Datengetriebenes Marketing*. Springer Gabler.

8. Scheu, A. (2017). *Auswertung qualitativer Daten: Strategien, Verfahren und Methoden der Interpretation nicht-standardisierter Daten in der Kommunikationswissenschaft.* Springer VS.

7

Bestcase: OBI

Personas sparen Zeit und Geld Warum der Baumarkt-Gigant Candidate Personas einsetzt und was Headhunter damit zu tun haben? Das verrät und Hessel Reimerink, Director Corporate HR Talent & Employee Experience bei OBI.

Wie erstellen Sie Candidate Personas?
Zunächst sprechen wir mit den Fachbereichen, für die wir die Personas erstellen über die konkreten Needs und die Profile der dort bereits beschäftigten Mitarbeitenden. Danach sprechen wir mit Recruitern, um Erfahrungen zu sammeln, wo und wie wir die gesuchten Menschen erreichen.

Haben Sie ein Beispiel?
Klar: Wir suchen Kunden-Berater für verschiedene Bereiche in einem OBI-Markt. Es gibt Bad-, Küchen- oder Gartenplaner.

Dann stellen wir uns die Fragen: Was brauchen wir für Mitarbeitende? Was müssen sie gut können? Um ein guter Kunden-Berater zu sein, wünschen wir uns Eigenschaften wie: Kundenfreundlichkeit – die Person muss sich gut ausdrücken können, um auch mal komplexere Installationen so erklären zu können, dass auch der Kunde ohne Vorwissen versteht, was gemeint ist. Kunden wünschen sich eine gute Beratung. Jemanden, der mitdenkt und auch auf mögliche Eventualitäten hinweist, die man selbst noch nicht bedacht hat. Das kann derjenige, weil er oder sie sich gut mit den Produkten auskennen. Vielleicht kennt sich die Person schon gut mit Küchen aus – oder sie ist intrinsisch motiviert, um sich das Wissen anzueignen und auch fortlaufend auf dem neuesten Stand zu sein. Gute Kundenberater strahlen Gelassenheit aus und finden Lösungen für Probleme, weil sie zudem stressresistent sind.

Als nächstes fragen wir uns: Wo finden wir diese Leute? Wie können wir sie ansprechen? Welche Kanäle können wir dazu nutzen, um auf uns aufmerksam zu machen? Wenn wir wissen, dass die Leute jeden Morgen zum Kiosk gehen, liegt es nahe, dass wir dort eine Stellenanzeige platzieren. Das gilt auch für alle anderen Channels.

Wissen wir, dass potenzielle Bewerbende, die wir suchen, überwiegend Stepstone benutzen – dann ist Stepstone ein Touchpoint, den wir aufgreifen.

Außerdem überlegen wir uns: Welche Vorteile und Leistungen bieten wir den Bewerbern? Welche Storyline erzählen wir Ihnen? Um diese Fragen zu beantworten, sind Notizen vorheriger Bewerbungsgespräche sehr wertvoll. Welche Punkte, die wir dem Bewerber bieten, haben überzeugt. Aber genauso wichtig: Bekommen wir eine Absage von dem Bewerber, ist es sehr hilfreich zu wissen, warum. Was hat gefehlt? Können wir diese Punkte ändern und in Zukunft bieten? Beispiel: Möchte ein Bewerber unbedingt ein Geschäfts-Handy, das er bei uns nicht bekommt – dann sagt er uns ab und fängt bei der Konkurrenz an. Aus diesen Erfahrungswerten lernen wir.

Dafür laufen die Gespräche nach einem bestimmten Skript ab, um sie bestmöglich dokumentieren zu können – sonst bringt das nichts. Auch die Recruiter benutzen diese vorgefertigten Skripts in ihren Vorstellungsgesprächen. Zusätzlich benutzen wir auch die Daten von Ausstellungs-Gesprächen, um zu vergleichen, wie nah oder fern wir zur Konkurrenz stehen.

Aus all diesen Daten erstellen wir unsere Candidate Personas auf einer Sedcard: einen One-Pager, auf dem alle relevanten Infos zu den gesuchten Mitarbeitenden auf einen Blick zu erfassen ist – samt eines Fotos. Denn: Wenn wir ein Bild von der Person haben, können wir uns noch besser und einfacher in die Lebenssituation hineinversetzen.

Sie sammeln Daten aus Interviews mit dem Fachbereich, Recruitern, aus Vorstellungs- und Ausstellungsgesprächen. Gibt es noch andere Datenquellen, die Sie zur Persona-Erstellung nutzen?
Wir kombinieren das Genannte mit KPIs aus Media-Kampagnen und externem Wissen von Medienagenturen. Erfolgreiche Maßnahmen wiederholen wir, aus Fehlern lernen wir, dokumentieren das Wissen und versuchen es anders.

Wie viele Personas nutzen Sie?
Wir haben verschiedene Bereiche, für die wir alle jeweils Personas einsetzen. IT, Vertrieb, Sourcing, Head-Office-Jobs – für alle brauchen wir Personas. Für die meisten Bereiche kommen wir mit einer Persona alleine nicht aus. Beispiel: Im Tech-Bereich arbeiten Data-Analysts, Entwickler, Consultants. Deshalb benötigen wir mehrere Personas um alles abzudecken. Das bedeutet zwar einen vergleichsweise großen Zeitaufwand – aber dafür sparen Personas im Recruiting-Prozess Zeit und bringen vor allem bessere Bewerber mit geringerem Spending für Werbung, denn: Personas reduzieren den Streuverlust.

Wie verwalten Sie die Personas? Gibt es Sed-Cards oder wie handhaben Sie das?
Als wir damit anfingen, haben wir alle Gedanken in einem Meeting besprochen und auf Boards festgehalten, die wir dann in Word-Dokumente überführt haben. Heutzutage machen wir das komplett digital in Miro-Boards.

Wie kam es dazu, dass Sie Personas nutzen?
Im deutschen Handel gibt es wenig Recruiter und viele offene Stellen. Wenn ein Recruiter 60 Stellen zugleich besetzen muss, hat er wenig Zeit – mit Personas unterstützen wir im Recruiting optimal. Warum? Weil sie sich dann viel einfacher und schneller auf die zu besetzenden Profile fokussieren können. Ich sage oft zu meinen Recruitern: Think

like a Headhunter – die arbeiten genauso! Auch wir geben sehr viel Geld für Headhunter aus. Würden wir auch nur ein Drittel von diesem Geld dafür anwenden, um Personas konsequent für alle zu besetzenden Stellen einzusetzen, wären wir schon sehr viel weiter. Sprich: Den oben erwähnten Prozess etablieren wir bei OBI gerade nach und nach. Begonnen haben wir im Tech-Bereich und rollen es gerade nach und nach aus.

Setzen Sie zu Recruitingzwecken auch Bewegtbild-Anzeigen ein?
Das machen wir noch nicht. Da sind wir bei OBI noch total am Anfang. Ich verantworte auch den Employer-Branding-Bereich, der uns da unterstützt. Bisher haben wir in diese Richtung fast nichts gemacht. Aber das ist eine sehr gute Möglichkeit, den Bewerbern von uns zu erzählen und uns zu zeigen. Bisher machen wir, was das angeht noch zu wenig – aber das kommt noch.

Mein Ziel ist es, mit echten Geschichten zu arbeiten und Insights zu geben, um greifbar zu werden. Man muss sich das so vorstellen: Wenn ich mich früher beworben habe, kannte ich nicht mehr als die Internetseite des Unternehmens und die veröffentlichte Stellenanzeige. Heute kann ich mich auf LinkedIn mit Leuten dort vernetzen und fragen, was ich wissen möchte. So bin ich optimal vorbereitet. Die Leute wollen heute mehr Information. Kleinere Unternehmen bieten Bewerbern oft an, mal einen Tag vorbeizukommen, um sich alles anzuschauen. In größeren Unternehmen ist das schwer umsetzbar. Trotzdem möchten wir den Bewerbern Informationen liefern. Wir möchten diesen „Need for Information" aufgreifen – etwa mit Videoclips zum Alltag der verschiedenen Arbeitsbereiche. Und all das: Auf die Personas abgestimmt.

War viel Überzeugungs-Arbeit nötig, um Personas einzuführen?
Nein. Am schwierigsten war es, die nötige Zeit für die Einführung von Personas zu finden. Denn die Zeit, die Workshops, Datenerhebung, Visualisierung und Co braucht, fehlt den Recruitern erstmal.

8

Candidate Personas formulieren und gestalten

In diesem Kapitel erfahren Sie, wie Sie die zu Ihren Kandidaten/ Kandidatinnen erhaltenen Informationen zusammenfügen und Ihre Candidate Persona gestalten. In diesem letzten Schritt formulieren Sie Ihre gewonnenen Erkenntnisse über die Candidate Persona und visualisieren sie in einer Candidate Persona-Sedcard. Wir zeigen, welche Optionen der grafischen Aufarbeitung es gibt. Zum Schluss geben wir Ihnen einige Tools an die Hand, die die Persona-Gestaltung vereinfachen.

8.1 Daten auswerten und Hypothesen formulieren

Im vergangenen Kapitel haben Sie gelernt, wie Sie Ihre eigenen Daten auswerten und übersichtlich zusammentragen. Aus allen Daten, die Sie entweder selbst oder mit dem Marktforschungsunternehmen erhoben, eingekauft oder mithilfe anderer Studien recherchiert haben, gilt es nun, eine Candidate Persona zu erstellen.

© Der/die Autor(en), exklusiv lizenziert an Springer Fachmedien Wiesbaden GmbH, ein Teil von Springer Nature 2022
S. Rippler, *Das Persona-Prinzip*, https://doi.org/10.1007/978-3-658-38979-6_8

Schauen Sie auf Ihre Datensammlung: Welches Bild ergeben die Daten? Aufgrund von Gemeinsamkeiten und Unterschieden können Sie die Anzahl und Eigenschaften von Candidate Personas bestimmen. Besonders, wenn Sie starke Abweichungen bei der Motivation zur Bewerbung feststellen, sie unterschiedlichste Skill-Levels suchen (Schüler/innen vs. Professionals) oder verschiedenste Skills suchen (IT vs. Verwaltungsangestellte) lohnen sich mehrere Candidate Personas (s. Kap. 3). Die Candidate Journey sollte bei der Formulierung von Hypothesen im Vordergrund stehen – denn schließlich wollen Sie mit Ihrer Candidate Persona genau diese verbessern.

Eine Candidate Persona sollte eine möglichst große Vielfalt an Daten beinhalten, z. B. Daten zur Persönlichkeit, zum Konsumverhalten, zur Mediennutzung oder soziodemografische Daten. Es gilt nun anhand der gesammelten Daten, Behauptungen zu jeder Variablen aufzustellen. Anhand der Datenauswertung konnten wir unsere Bewerbenden bereits in verschiedene Gruppen kategorisieren. Darauf aufbauend stellen wir nun Hypothesen auf. Diese sollten mithilfe der Daten gestützt oder widerlegt werden können. So modellieren Sie nach und nach die Candidate Persona.

Wenn Ihre selbst erhobenen Daten keine Antworten liefern, können Sie zunächst spekulieren. Im Laufe der Zeit sollten Sie dann die Lücken mit repräsentativen Daten, etwa dank bereits verfügbarer repräsentativer, wissenschaftlicher Studien oder eigenen Umfragen, validieren.

Denken Sie immer daran, dass Ihre Hypothesen eine/n Stellvertretende/n repräsentieren. Die Candidate Persona soll wie ein echter Mensch wirken, den es tatsächlich so irgendwo geben könnte. Keinesfalls sollten Sie 1 zu 1 einen Ihrer Bewerbenden porträtieren. Nicht vergessen: Sie wollen eine Gruppe abbilden, keinen Einzelbewerber.

> **Eine wichtige Regel: Eine Candidate Persona ist nie fertig.** Menschen verändern sich ständig und entwickeln sich im Laufe ihres Lebens weiter. Daher sollten Sie auch Ihre Candidate Personas stetig weiterentwickeln. Wenn neue Daten vorliegen oder sich Umstände grundlegend ändern (wie etwa im Rahmen der Covid-Pandemie), sollten Sie Ihre Personas überprüfen – mindestens aber einmal im Jahr.

8.2 Lebendige Candidate Personas dank grafischer Aufarbeitung

Die Anschaulichkeit und Akzeptanz einer Candidate Persona bei den Mitarbeitenden hängt in hohem Maß von der optischen Gestaltung ab. Nutzen Sie Bilder, Symbole oder Icons, um Ihre Candidate Persona zu untermauern/zu visualisieren. Je anschaulicher und zugänglicher – im wahrsten Sinne des Wortes – eine Candidate Persona ist, desto besser können sich Mitarbeitende in sie hineinversetzen. Auch in der Unternehmenskultur sollte die Candidate Persona als fester Bestandteil integriert sein: z. B. mit lebensgroßen Pappaufstellern, animierten Videos, einem eigenen Blog der Candidate Persona, o. ä. Eine weitere Möglichkeit: jede Candidate Persona stellt sich in Form eines kurzen Blogbeitrags im Intranet vor – so, als wäre sie Teil des Teams.

Avatar und Name Eine Candidate Persona sollte mithilfe eines Bildes und eines Namens lebendig gemacht werden. Durch die visuelle Darstellung kann das Gehirn Menschen und damit der Candidate Personas bestimmte Attribute besser zuordnen. Visuelle Informationen gelangen zudem schneller ins Langzeitgedächtnis. Ob gezeichnet, animiert oder fotografiert, ist bei der Auswahl des Bildes übrigens egal – solange es treffend die Candidate Persona abbildet. Das Bild sollte die Persona möglichst in ihrem natürlichen Umfeld zeigen. Daher ist für Fotos ein Schnappschuss ideal – er wirkt realistisch und nahbar (Abb. 8.1).

Neben dem passenden Bild ist auch der richtige Name eine wichtige emotionale Komponente. Er gibt der Persona wortwörtlich einen Namen, macht sie lebendig und als echte Persönlichkeit greifbar. Achten Sie darauf, einen realistischen Namen zu vergeben – am besten datenbasiert: etwa den häufigsten Vornamen des Geburtsjahrgangs. Namen wie Paul Protzig oder Gabi Goldgräber lassen zwar Rückschlüsse auf bestimmte Eigenschaften zu – doch sie verleiten auch dazu, ohne Datengrundlage weitere Merkmale hinzuzudichten und die **Persona an sich nicht ernst zu nehmen.**

Abb. 8.1 Avatar und Name

Sedcard Mithilfe einer Sedcard bilden Sie die wichtigsten Informationen zur Persona ab. Jede zielgruppenspezifische Entscheidung sollte auf Grundlage einer ausgereiften Sedcard erfolgen. Die Sedcard setzt auf Stichpunkte, Wortgruppen und kurze Sätze, um die Candidate Persona zu veranschaulichen. Diagramme, Symbole oder Bilder unterstützen die Visualisierung der Eigenschaften. Bestimmte Merkmale können so auf den ersten Blick erkannt werden.

Gerne können Sie die Person auch selbst sprechen lassen, z. B. mithilfe eines Zitats. Ergänzen Sie Informationen zum Mediennutzungsverhalten, Konsumverhalten oder Lebensumfeld, zu Status, Führungsstil, etc. Achten Sie stets darauf, dass verwendete Zitate authentisch wirken und etwas ist, das eine echte Person wirklich sagen würde.

Außerdem empfehlen wir Ihnen, einen Grafik-Designer zu engagieren, der Ihre Candidate Persona zum Leben erweckt. An der Visualisierung sollten Sie nicht sparen, denn je lebensnaher und authentischer die Candidate Persona dargestellt wird, desto eher können sich Mitarbeiter in sie hineinversetzen und umso besser können Candidate Journey, Serviceleistungen und Kommunikationsmaßnahmen auf sie abgestimmt werden.

Ein Beispiel, wie eine Sedcard aussehen könnte zeigt die Grafik „Muster-Persona × Zielgruppe 1" (Abb. 8.2):

Imagevideo Etwas aufwendiger, aber sehr wertvoll sind Videos, die die Candidate Persona audiovisuell darstellen. So werden noch mehr Sinne angesprochen und die Candidate Persona wirkt noch greifbarer.

Im Video kann die Candidate Persona entweder in einer Art Präsentation von einem Sprecher beschrieben werden – untermalt mit visuellen Daten, Fakten und Grafiken.

Alternativ können Sie eine Person aus Ihrem Team oder einen professionellen Schauspieler die Rolle der Persona spielen lassen. Der Vorteil, wenn Sie eine Person aus Ihrem Unternehmen beauftragen: Das Team-Mitglied kann sich direkt in die Candidate Persona hineinversetzen und so einen kleinen, aber gewinnbringenden Erfahrungsvorsprung erhalten.

Der Zuschauer sollte der Candidate Persona in möglichst authentischer Umgebung begegnen. Als Drehorte eigenen sich daher der Arbeitsplatz oder auch das Zuhause der Candidate Persona.

Erlebbare Räume Erlebbare Räume zeigen den Wohnraum einer Candidate Persona hautnah. Hier bauen Sie das Wohn- und Schlafzimmer Ihrer Persona nach, sodass Sie nach und nach in die Lebenswelt Ihrer Zielgruppe eintauchen können – beispielsweise in einem Konferenzraum. So können Details viel über die Candidate Persona verraten. Personen mit kleinen Kindern haben womöglich Spielzeug auf dem Boden liegen. Jemand anderes ist besonders ordentlich, was sich

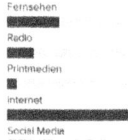

Abb. 8.2 Beispiel-Sedcard

wiederum im Raum widerspiegelt. Es gilt: Nutzen Sie den Raum, um so viele Informationen wie möglich zu transportieren.

Moodboards Moodboards sind Tafeln oder Schaubilder, die mithilfe von Farben, Formen, Bildern und Texten die Persönlichkeit und die Stimmung der Persona visualisieren. Bei der Candidate Persona können Sie die Bewerbenden direkt beim Interview bitten, Material aus ihrer Lebenswelt mitzubringen. Das können Bilder, Symbole und ggf. auch Sprüche aus Katalogen, Magazinen, Zeitungen und Werbungen sein, die später zu einer Collage zusammengefügt werden. Achten Sie hier darauf, dass Sie nur Bilder benutzen, die alle oder möglichst viele Bewerbenden einer Zielgruppe repräsentieren. Wenn Bewerbende in einer Bildauswahl stark voneinander abweichen, ist das ein Zeichen dafür, dass sie sich in dieser Eigenschaft uneinig sind. Dieses Merkmal wird demnach kein guter Stellvertreter für diese Zielgruppe sein und sollte nicht in die Candidate Persona einfließen.

Welche Fragen Sie stellen und zu welchen Themen Sie Bilder sammeln, hängt ganz von Ihrem Unternehmen und Ihrer Datenanalyse ab. Ein Möbelhaus könnte z. B. den Einrichtungsstil visualisieren sowie favorisierte Designelemente oder das Bedürfnis nach Ordnung etc.

Eine wichtige Regel: Nutzen Sie am besten Bilder, die inter-subjektiv – d. h. für jeden Betrachter gleichsam – verständlich sind. Am Ende sollten Sie eine bunte Collage erhalten, die Ihnen viel über Ihre Candidate Persona verrät und diese noch lebendiger werden lässt (Abb. 8.3).

8.3 Die Arbeit vereinfachen mithilfe von Candidate Persona-Tools

Sie haben die ersten Schritte zur Persona-Entwicklung getan, sind sich aber noch unsicher, ob Sie alles richtiggemacht haben? Oder fehlen Ihnen die personellen Ressourcen, um eine Persona zu entwickeln oder grafisch zu gestalten? Dann können Persona-Tools helfen. Je nach Tool

Personas grafisch darstellen

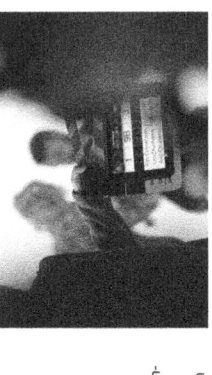

Sedcard

- enthält Avatar (Name & Bild)
- Stichpunkte, Wortgruppen, kurze Sätze
- Zitate
- Diagramme, Symbole & Bilder
- wichtigste Informationen zur Persona
- Demografie, Werte, Einstellungen, Mediennutzungsverhalten, Konsumgewohnheiten, Einstellung zum Unternehmen, ...
- klassische Gestaltungsform

Erlebbare Räume

- stellt Wohnraum oder Arbeitsplatz der Persona nach
- meist Wohnzimmer, Schlafzimmer oder Büro
- Details verraten Charakter und Einstellungen der Persona
- Raum nutzen, um möglichst viele Informationen zu transportieren

Moodboards

- Tafeln oder Schaubilder
- Visualisierung der Persönlichkeit und Stimmung der Persona
- bunte Collage aus Bildern, Grafiken, Sprüchen, Symbolen, Farben und FormenMaterial aus Magazinen, Zeitungen oder Katalogen
- online oder offline

Imagevideo

- stellt Persona audiovisuell dar
- als Präsentation mit Daten und Grafiken, Sprecher aus dem Off
- als nachgespielte Szene, professionelle Darsteller oder Team-Mitglieder
- auf authentische Umgebung achten (z.B. Zuhause oder Arbeitsplatz)

Abb. 8.3 Personas grafisch darstellen

unterstützt Sie die Software in unterschiedlichen Bereichen der Persona-Entwicklung.

Make my Persona Mithilfe des Tools Make my Persona der Firma Hubspot können Sie zusammengetragene Daten schnell visualisieren. Ihre gesammelten Erkenntnisse tragen Sie in den Generator ein. In 7 Schritten erstellt er Ihnen die passende Candidate Persona Sedcard. Sie können z. B. Aussehen, Beruf, Funktion, Kommunikationsvorlieben, Herausforderungen und Ziele der Candidate Persona festlegen. Das Template stellt vor allem das Arbeitsumfeld in den Vordergrund.
Kosten: kostenlos.

Xtensio Auch die Software Xtensio nimmt Ihnen die Datenrecherche nicht ab. Dafür können Sie auf verschiedene Persona-Templates zurückgreifen. Dort können Sie verschiedene Elemente individualisieren, anpassen und ergänzen. Das Tool lohnt sich, wenn Sie möglichst detailliert, aber dennoch übersichtlich eine Bewerbergruppe darstellen wollen. Xtensio unterstützt die Arbeit im Team, kann aber ebenso für Einzelpersonen genutzt werden. Auch eine kostenlose Demoversion ist verfügbar.
Kosten: 150 Dollar im Monat für Teams, 8 bis 30 Dollar im Monat für Einzelpersonen.

Userforge Userforge eignet sich ebenso wie Xtensio für die Arbeit im Team. Bis zu 25 Personen können hier an einem Projekt arbeiten. Das Tool eignet sich besonders für große Projekte mit hohen Datenmengen. Der Persona Generator punktet mit Schnittstellen zur Jira Software. Durch eine umfassende Datenbank an Icons und Bildern können Sie genau abgestimmte Designs erstellen. Auch dieser Anbieter wartet mit einer kostenlosen Testversion auf.
Kosten: je nach Modell 16 bis 79 Dollar im Monat.

Delve.ai Der Delve.ai-Persona Generator wird mit Daten von Google Analytics betrieben. Aus demografischen Daten in Kombination mit den Interessen und dem Kaufverhalten der Bewerbenden generiert das Tool automatisch datenbasierte Personas. Außerdem identifiziert es

Bewerbersegmente und liefert Daten zur Candidate Journey. Für eine Zielgruppe können Sie das Tool kostenlos testen.

Kosten: individuell nach Funktionsumfang und Unternehmensgröße, ab 21 Dollar im Monat.

Persona Profiler Ähnlich wie Delve.ai erstellt der Persona Profiler vom Persona Institut automatisiert ein datenbasiertes Persona-Profil für Sie. Dabei bedient sich das Programm an einem Data-Set aus mehr als 1 Mio. Interviews, die mehr als 12 Länder repräsentieren. Innerhalb von 48 h bekommen Sie für jede Zielgruppe eine passende datenbasierte Persona – in Form einer Sedcard. In der zielgruppen-repräsentativen Sedcard sind Angaben zu Alter, Geschlecht, Wohnort und -situation, Haushaltsgröße, Haushaltsnettoeinkommen, Beruf, Ausbildungsstand, Hobbies und Interessen, Zielen und Werten, persönlicher Zukunft, Innovationstyp, Medienkonsum, Einstellung zu Ernährung, Mobilitäts-verhalten und Einstellung zu Mobilitätsthemen, Einstellung zu Gesund-heitsfragen sowie Reiseverhalten enthalten. Die Sedcard wird je nach Preismodell regelmäßig aktualisiert.

Kosten: ab 1.200 € pro Persona-Sedcard.

Uxpressia Mit Uxpressia können Sie eine individuelle Persona-Sed-card erstellen. Zusätzlich zu einer Auswahl an Fotos und Templates ist auch ein Namensgenerator enthalten. Neben der Persona können Sie Pain- und Touchpoints Ihrer Bewerber in einer Customer Journey Map visualisieren. So verstehen Sie Ihre Bewerber noch besser in jeder Phase der Customer Journey. Zudem arbeitet das Tool mit Schnittstellen zu Online-Analyse-Tools, sodass Sie Daten, Persona-Profil, Customer Journey Map und Impact Map aus einer Hand bekommen können. Daher eignet sich Uxpressia vor allem, wenn Sie abteilungsübergreifend eine neue Strategie entwickeln wollen. Eine kostenlose Testversion ist zudem vorhanden.

Kosten: 16 Dollar für kleine Teams pro Mitglied und Monat, ab 36 Dollar für große Teams pro Mitglied und Monat.

LeanScope Auch mithilfe von LeanScope können Sie umfangreiche Persona-Profile erstellen. Die Templates sind so abgestimmt, dass die

Personas direkt in Präsentationen integriert oder als Poster ausgedruckt werden können. Zudem können Sie Zitate und Bilder hinzufügen, um die Personas besonders greifbar zu machen. Zudem bietet LeanScope die Möglichkeit, Szenarien zu beschreiben. Auch hier können Sie eine Candidate Journey Map erstellen und individuell anpassen. Ihre Teammitglieder können je nach Workflow on- oder offline die Personas modellieren. Bei der kostenfreien Version kann das Tool mit limitiertem Funktionsumfang genutzt werden.
Kosten: ab 75 € pro Mitglied und Monat.

Smaply Auch die Software Smaply erweist sich als multifunktionelles Tool. Mit der Funktion Journey Map können Sie Touch- und Pain Points potenzieller Bewerbenden identifizieren. Das Persona Tool erleichtert Ihnen die Erstellung einer Persona. So bilden Sie in Stichpunkten und/oder einer ausführlichen Beschreibung Alltag und Lebensumfeld Ihrer Zielgruppe ab. Dazu können Sie auch Mood Images und Zitate nutzen. Zudem stellt Smaply ein Stakeholder Mapping Tool bereit, mit dem Sie sich in die Perspektive Ihrer Stakeholder hineinversetzen können. Sie können das Tool mit reduziertem Funktionsumfang gratis nutzen.
Kosten: ab 19 € pro Mitglied und Monat.

Bedenken Sie bitte, dass mit Ausnahme des Persona Profilers alle Tools in englischer Sprache bedient werden. Für welches Tool Sie sich letztendlich entscheiden, hängt natürlich von Ihrem gewünschten Funktionsumfang, dem vorhandenen Budget und der Unternehmensgröße ab. Glücklicherweise bieten fast alle Anbieter kostenlose Testversionen an, sodass Sie erst einmal ausprobieren können, ob das Tool zu Ihnen passt.

8.4 Key Learning Points

- Candidate Personas werden auf Basis von Hypothesen entwickelt, die Sie auf Grundlage Ihrer Datensammlung treffen.

- Eine möglichst umfassende und vielschichtige Datengrundlage ermöglicht eine lebendige Candidate Persona.
- Jede Candidate Persona braucht einen Namen, ein Avatar (Bild) und einen Steckbrief (Profil).
- Lebendiger werden Personas mithilfe grafischer Darstellung, z. B. Moodboards, erlebbare Räume, Sedcards oder Imagefilme.
- Bei der Erstellung und Visualisierung von Candidate Personas können eine Vielzahl von Tools unterstützen. Die Tools sind zudem oft mit Bonus-Features wie Candidate Journey Mapping oder besonderen Schnittstellen ausgestattet.
- Ob Sie ein Tool benötigen und wenn ja, welches – das hängt von Ihren individuellen Präferenzen ab.

Weiterführende Literatur

1. Adlin, T., & Pruitt, J. (2010). *The essential persona lifecycle: your guide to building and using personas* (1. Aufl.). Morgan Kaufmann Publishers Inc.
2. Jung, S. G., Salminen, J. O., & Jansen, B. J. (2021). All about the name: Assigning demographically appropriate names to data-driven entities. In *Proceedings of the Hawaii International Conference on System Sciences (HICSS2021)*.
3. Kim, E., Yoon, J., Kwon, J., Liaw, T., & Agogino, A. M. (2019). From innocent Irene to parental Patrick: Framing user characteristics and personas to design for cybersecurity. *Proceedings of the Design Society: International Conference on Engineering Design, 1*(1), 1773–1782.
4. Kwak, H., An, J., & Jansen, B. J. (2017). Automatic generation of personas using YouTube social media data. In *Proceedings of the Hawaii International Conference on System Sciences (HICSS-50)* (S. 833–842).
5. Masiero, A. A., & Aquino, P. T. (2015). Creating personas to reuse on diversified projects. In M. Kurosu (Hrsg.), *Human-Computer Interaction: Design and Evaluation: Bd. 9169. Lecture Notes in Computer Science* (S. 238–247). Springer International Publishing.
6. Nielsen, L., Hansen, K. S., Stage, J., & Billestrup, J. (2015). A template for design personas: Analysis of 47 persona descriptions from Danish industries

and organizations. *International Journal of Sociotechnology and Knowledge Development, 7*(1), 45–61.

7. Salminen, J., Jung, S.G., Santos, J., Kamel, A. M., & Jansen, B. J. (2021) Picturing it!: The effect of image styles on user perceptions of personas. In *ACM CHI Conference on Human Factors in Computing Systems (CHI2021)*, Yokohama, Japan.

8. Spiliotopoulos, D., Margaris, D., & Vassilakis, C. (2020). Data-assisted persona construction using social media data. *Big Data and Cognitive Computing, 4*(3), 21.

9. Warbung, T. et al. (2021). Persona in a form of mood boards as a part of the design process. *IOP Conference Series: Earth and Environmental Science, 729*, 012024.

9

Bestcase: EY (Ernst & Young)

Keine Streuverluste & Reputationsboost Wie eine MINT-Digital-kampagne dazu führte, dass die Wirtschaftsprüfungsgesellschaft EY fürs Recruiting datenbasierte Candidate Personas nutzt? Das haben wir Dana Schilling, Teamlead Employer Branding, gefragt.

Seit wann nutzen Sie Personas im Employer Branding?
Systematisch nutzen wir sie seit 2018. Der Auftakt war unsere damalige Digitalkampagne, mit der wir MINT-Talente anwerben wollten. Um die Kampagne so zielgerichtet an eine Gruppe auszuspielen, die wir bis dato nicht im Fokus hatten, nutzten wir also datenbasierte Personas. Der Kampagnen-Erfolg führte dazu, dass wir fortan Personas fürs Employer Branding nutzen. Damals erstellen wir die Personas gemeinsam mit den Fachbereichen und beantworteten Fragen wie: Wo erreichen wir die Menschen, die der Fachbereich sucht? Wie sprechen wir sie an? Welche Infos geben wir ihnen mit zu EY als Arbeitgeber?

Wie sind Sie bei der ersten Persona 2018 vorgegangen?
Wir haben intern Interviews mit Kolleg:innen geführt, die die aktuellen Stellen innehaben. Die Fragen waren standardisiert und drehten sich

© Der/die Autor(en), exklusiv lizenziert an Springer Fachmedien Wiesbaden GmbH, ein Teil von Springer Nature 2022
S. Rippler, *Das Persona-Prinzip*, https://doi.org/10.1007/978-3-658-38979-6_9

darum, wie sie damals auf EY aufmerksam geworden sind. Außerdem: Was sind die Stärken von EY als Arbeitgeber? Was wünschen sie sich von EY als Arbeitgeber? Was fehlt ihnen bei EY? Was würde sie daran hindern, sich bei EY zu bewerben?

Neben Mitarbeitenden aus den Fachbereichen haben wir auch die Führungskräfte befragt, um eine zweite Sicht auf die Dinge zu erhalten: Wohin soll die Entwicklung in diesem Bereich gehen? Welche Botschaft möchten sie als Fachbereich nach außen geben, um ein gutes Gesamtbild zu erzielen? Stimmt das wiederum mit den Zielgruppen-Bedürfnissen überein? Wir hatten im Rahmen der MINT-Kampagne damals für jeden unserer Fachbereiche verschiedene Interviews durchgeführt und haben dabei festgestellt, dass wir in allen unseren Geschäftsbereichen MINT-Talente suchen. Es ging also um die Frage: Wo finden sich solche.

Talente bei uns wieder? Und das war in der Tat zu diesem Zeitpunkt gar nicht so klar. Beispielsweise warben wir um MINT-Talente für den Bereich der Steuerberatung – was man auf den ersten Blick nicht vermuten würde. So haben uns eine Matrix erstellt: Welcher Bereich sucht wen aus dem MINT-Bereich? Das war eine gute Übung für uns und die Fachbereiche und hat schließlich zum Erfolg im Employer Branding geführt. Auch heute gehen wir noch ähnlich vor. Die letzte Persona die wir erstellt haben, war kürzlich für den Geschäftsbereich der Strategieberatung.

Auch hier wollten wir wissen: Was schätzen die aktuellen Mitarbeitenden an EY und was ist ihnen wichtig an ihrem Arbeitgeber? Was fehlt ihnen? Und wieder haben uns die Experten-Interviews geholfen herauszufinden, wie das Profil und die Persönlichkeit derjenigen aussehen, die wir für uns begeistern wollen. Wir haben zusammengestellt, was die Ziele dieser Person sind oder mit welchen Themen sich die Person in ihrer aktuellen Lebensphase beschäftigt.

Die Zielgruppen um die es dabei ging waren sowohl Studierende als auch Absolvent:innen sowie Personen mit Berufserfahrung. Für jede dieser Zielgruppen wurde dann eine eigene Persona erstellt.

Wenn Sie von Interviews sprechen: Wie kann ich mir das konkret vorstellen?
Wir haben strukturierte Telefoninterviews durchgeführt – etwa 60 min pro Gespräch. Hinterher haben wir die Antworten ausgewertet und übereinandergelegt.

Warum wurde die Umfrage nicht digital durchgeführt?
Wir tauschen uns gerne persönlich mit den Mitarbeitenden aus. Da bekommt man auch die Dinge mit, die zwischen den Zeilen gesagt werden. Ich merke, wie wichtig die jeweiligen Punkte für die Person sind. Weitere Vorteile: Das persönliche Gespräch hat auch unseren Kolleg:innen im Personal-Marketing geholfen, die jeweiligen Fachbereiche noch besser kennenzulernen. So konnten sie schon eine Beziehung zu den Befragten aufbauen und gleichzeitig viel über das Gegenüber erfahren: Was machst du den Tag über? Was treibt dich an? Aus welchem Umfeld kommst du?

Und: Persönliche Gespräche betonen die Wertschätzung der Personalabteilung gegenüber den Fachbereichen – es geht darum, die bestmöglichen Talente zu finden und so den Fachbereich optimal zu unterstützen.

Sie sprachen vom herausragenden Kampagnen-Erfolg, den die MINT-Personas brachten. Wie haben Sie den gemessen?
Als wir die MINT-Kampagne ins Leben gerufen hatten, konnten wir sie auf verschiedene Zielgruppen und Keywords einteilen. Im „Universum"-Ranking der beliebtesten Arbeitgeber für Studierende sind wir zu Kampagnen-Beginn um 33 Plätze gestiegen.

Für das Ranking wird jedes Jahr im Wintersemester eine Befragung unter Studierenden in Deutschland durchgeführt, um herauszufinden, was die Zielgruppen interessiert und was sie sich von einem Arbeitgeber erhoffen.

Für EY spielt dieses Ranking eine große Rolle, da wir so unsere Attraktivität messen können. So haben wir im Rahmen der Kampagne dann auch gemerkt, dass wir nun in der MINT-Zielgruppe stark wahrgenommen wurden. Es war jedoch nicht so, dass sich alle Interessierten direkt bei uns beworben haben und wir die Talente zeitnah einstellen konnten. Awareness und Sichtbarkeit unter den MINT-Studierenden – das waren die erste KPIs für uns.

Daneben ging es uns darum, dank der datenbasierten Personas, Streuverluste im Marketing zu minimieren: Dank sehr gezieltem Targeting konnten wir nun genau die Kanäle nutzen, in denen MINT-Studierende sich aufhielten.

Das Ergebnis kann sich sehen lassen: In den vergangenen Jahren sind immer mehr MINT-Studierende bei uns eingestiegen. So haben wir heute die gesamte Bandbreite der MINT-Disziplinen an Bord: Physiker, Mathematiker, Ingenieure und ITler. Sicherlich haben wir nicht von vornherein alles richtig gemacht. Auch jetzt stellen wir noch fest, welche Kanäle wir noch nicht genutzt haben, obwohl sie uns von Anfang an, von Kolleg:innen empfohlen wurden. Daher sind wir regelmäßig im Austausch, um zu schauen was uns noch in unserem Portfolio fehlt.

Das heißt, Sie aktualisieren die Personas regelmäßig?
Ja, spätestens alle zwei Jahre führen wir wieder neue Interviews durch. Bei Personen mit Berufserfahrung führen wir kurze Update-Gespräche. Erfahrungsgemäß hat sich bei ihnen nicht sehr viel geändert. Anders bei den Studierenden: da ändert sich in zwei Jahren sehr viel in Sachen Arbeitgeber-Präferenzen. In Summe führen wir beim Update auch weniger Interviews: Erstinterviews führen wir etwa 25, beim Update beschränken wir uns auf etwa 10.

Die Interviews sind geführt. Wie entstehen aus den Gesprächen Personas?
Wir erstellen eine Power-Point-Präsentation, in der wir die Personas skizzieren. Die Personen bekommen einen Namen. Beispielsweise: Hendrik, 26 Jahre, Seniorberater im Bereich XY. Dann gibt es eine Art Sed-Karte für ihn: Was macht seine Persönlichkeit aus? Welche Ziele verfolgt er? Was sind seine Themen in Bezug auf EY? Was sind Dinge, die ihn an einem Arbeitgeber stören würden, wie etwa eine extreme Arbeitsbelastung über einen längeren Zeitraum hinweg. Vielleicht würde er keinen Arbeitgeber wählen, wenn er sich dort nicht weiter-entwickeln könnte. Welche Dinge sind ihm allgemein bei einem Arbeit-geber wichtig? Hier könnten das sein: Vielseitige Herausforderungen,

Flexibilität, Internationalität, Spaß bei der Arbeit, Sichtbarkeit der Ergebnisse. Daraufhin schauen wir: Was sind die EY-Proof-Points. Mit welchen Benefits kann EY die Talente ansprechen, weil es genau das ist, was er oder sie sich wünscht. Diese wiederum könnten sein: Vielseitige Projekte, Flexible Standort-Wechsel, die regelmäßige Möglichkeit auf ein Sabbatical oder Sonstiges. Wir versuchen dann konkrete Punkte anzusprechen, wie wir die Wünsche zu den Arbeitsbedingungen der Persona bei EY verwirklichen. Also was können wir Hendrik bei EY bieten, das ihn besonders anspricht und andere Arbeitgeber nicht bieten können?

Wie übersetzen Sie das dann in Targeting-Maßnahmen?
Für die Zielgruppe gibt es dann eine Art Leitsatz, den wir entwickeln und den wir sinngemäß in unsere Marketing-Maßnahmen einfließen lassen. Außerdem haben wir verschiedene Handlungsfelder, die wir identifizieren. Letztlich entsteht daraus ein Kreativ-Konzept. Das ist der nächste Schritt. Wir haben eine Mitarbeitenden-Befragung gemacht, wir haben die Persona, wir haben die Handlungsfelder identifiziert. Dann gehen wir in die Ausarbeitung eines Kreativ-Konzeptes: Welche Message wollen wir jetzt an die Zielgruppe vermitteln? Wie bekommen wir das am besten hin? Brauchen wir dafür ein Fotoshooting? Wie sieht die Storyline aus? Welche Mediaplanung steckt dahinter? All das leiten wir aus den Personas ab.

Die Channels, in denen Sie Ihre Storyline kommunizieren: Leiten Sie auch vom Persona-Profil ab?
Ja, genau. Wenn sich in einem Interview herausgestellt hat, dass man unbedingt in einem bestimmten Magazin präsent sein muss um die Zielgruppe zu erreichen, könnten wir dort ein Interview oder eine Anzeige veröffentlichen. Dann werden wir aktiv und planen das in unsere Mediaplanung mit ein – um uns somit auch neue Wege eröffnen zu können.

In den Interviews wird also auch gefragt: Was lest ihr?
Richtig. Nur so können wir neue Wege gehen und gemeinsam mit unserer Media-Agentur entsteht daraufhin ein passgenauer Mediaplan.

Woher kam der Impuls, mit Personas zu arbeiten?
Ich hatte dazu einen Beitrag in einem Fachmedium gelesen. Daraus entstand der Wille, das auszuprobieren.

Was war der ausschlaggebende Grund?
Der zu eliminierende Streuverlust: Bis dato hatten wir es tatsächlich so gehandhabt, dass wir nur geschaut haben, was der Fachbereich gerade braucht, um dann überall präsent zu sein, wo zum Beispiel „Steuerberatung" draufsteht. Jetzt targetieren wir sehr genau und sind tatsächlich dort, wo sich unsere Zielgruppe aufhält.

Wie ist die Akzeptanz in den Fachbereichen?
Sehr groß. Sie fühlen sich damit wohl und gut repräsentiert. Die Fachbereiche verstehen unsere Strategie und unterstützen sie aktiv. Die Fachbereiche fühlen sich wertgeschätzt, weil es ein Austausch basierend auf wahrem Interesse ist und sie direkten Impact haben: Bessere Bewerbungen.

Wie viele Personas nutzen Sie denn so?
Relativ viele. Es gibt pro Fachbereich mindestens drei Personas, die wir erstellen. Themenspezifisch kommen jeweils weitere hinzu, um dann Studierende, Absolvent:innen und Berufserfahrene Personen gezielt anzusprechen. Für einige Fachbereiche, die sich stark unterscheiden, gibt es mehrere Personas. Zum Beispiel haben wir im Rahmen unserer Strategieberatung nicht nur einen Bereich bei EY sondern zudem auch die EY Parthenon GmbH. Für diesen Bereich haben wir separat Personas erstellt. Denn die Tochterfirma hat ganz andere Wettbewerber am Markt als EY selbst und spricht eine sehr spitze Zielgruppe an, die wir natürlich bedienen wollen.

10

Candidate Personas im Unternehmen etablieren

Es ist aufwendig, datengesteuerte Personas zu entwickeln und produktiv einzusetzen. Für ein erfolgreiches Bewerberverständnis sind sie jedoch unerlässlich. Dieses Kapitel zeigt, wie Sie datenbasierte Candidate-Personas im Unternehmen etablieren.

10.1 Ist das Onboarding von datenbasierten Candidate Personas nötig?

Die Antwort lautet klar: Ja! Datengesteuerte Candidate Personas können ein leistungsfähiges Instrument für das Nutzer-Verständnis sein (Jansen et al., 2021 [1]). Ihre tatsächliche Verwendung in Unternehmen ist jedoch schwieriger, als man glauben mag – eine Fachabteilung und/oder ein gesamtes Unternehmen muss für datenbasierte Personas bereit sein. Zahlreiche Organisationen verwenden Personas entweder überhaupt nicht, falsch oder oberflächlich. Hierfür gibt es unterschiedliche Gründe:

S. Rippler, *Das Persona-Prinzip*, https://doi.org/10.1007/978-3-658-38979-6_10

- **Fehlende Einbeziehung von Stakeholdern** in den Erstellungs-prozess: Achten Sie unbedingt darauf, dass die Erstellung und Ein-führung von Personas keine Entscheidung einer Einzelperson ist. Beziehen Sie von Anfang an so viele Stakeholder ein wie irgend möglich: In einem gemeinsamen Kickoff, in dem Sie den Sinn und Zweck von Personas vorstellen und vielleicht schon mal in einem zweiten Schritt Proto-Personas erstellen. Denn: Nur, wer bei dem Prozess von Anfang an mitgenommen wurde, steht auch hinter ihm. Werden Personas oktroyiert, machen sich nur wenige die Personas wirklich zu eigen und arbeiten damit.
- Datengestützte Candidate Personas, die als **unrealistisch** angesehen werden oder aufgrund **falscher Erfassung wertlos** sind: Achten Sie darauf, dass Sie bei eigenen Umfragen Marktforschungs-Knowhow im Boot haben – entweder aus den eigenen Reihen, oder von extern: Es gilt z. B. Suggestivfragen zu vermeiden, soziale Erwünschtheit zu beachten – das tägliche Brot von Marktforschern. Die Fragebogen-konzeption sowie die Auswahl der Teilnehmenden muss Hand und Fuß haben. Haben Sie das berücksichtigt, gilt es bei der Erstellung der Sedcard bis ins kleinste Detail datenbasiert zu arbeiten: Die Persona trägt einen Namen – etwa den meistvergebenen Vornamen des Geburtenjahrgangs und keinen Fantasie-Nachnamen – „Peter Performer" oder „Susi Schnell" sind tabu. Die Gefahr: Die Personas werden nicht ernst genommen.

Der erste wichtige Schritt innerhalb der langen Reise der Einführung von Candidate Personas ist die Analyse der firmen- oder abteilungs-internen organisatorischen Reife.

Die konkreten Schritte eines Candidate Persona-Projekts sind:

1. Bewertung der Persona-Bereitschaft
2. Verbesserung der Persona-Bereitschaft
3. Erstellung von Candidate Personas
4. Einsatz von Personas und
5. Überwachung der Candidate Persona-Leistung.

Schauen wir uns nachfolgend insbesondere den Aspekt der Bereitschaft etwas ausführlicher an.

10.2 Die Bereitschaft für datenbasierte Candidate Personas

Die datengesteuerte Persona-Bereitschaft umfasst Aspekte wie die Unterstützung durch das Führungskräfte/Top-Management, grundlegende Kenntnisse über Personas im Unternehmen/der Abteilung, die Ausgereiftheit der Daten und die technologische Reife.

Um erfolgreich zu sein, benötigen datengesteuerte Candidate Persona-Projekte die Unterstützung des Top-Managements, finanzielle Quellen, einen konkreten Plan für die Nutzung von Personas und so weiter. Die Messung dieser Faktoren wird von der Persona Readiness Scale (PRS) nach Jansen et al. erfasst (Tab. 10.1).

Die Umsetzung der PRS kann mithilfe der Standard-Likert-Skala erfolgen, mit Optionen die von „stimme überhaupt nicht zu" (1) bis „stimme voll und ganz zu" (5) reichen. Die Maximalpunktzahl, die eine Organisation/Abteilung mit dieser Skala erreichen kann, beträgt 21 Konstrukte $\times$ 5 Bewertungen $= 105$. Die Mindestpunktzahl wiederum ist $21 \times 1 = 21$. Somit verbleibt eine Spanne von $105-21 = 84$ Punkten dazwischen. Wenn die Punkte gleichmäßig auf drei Klassen verteilt werden, ergibt sich folgende Interpretation:

- Geringe Persona Readiness: 22–46 Punkte
- Durchschnittliche Persona Readiness: 47–76 Punkte
- Hohe Persona Readiness: 77–105 Punkte

Da die datengestützte Erstellung von Personas kostspielig, zeitaufwendig und ressourcenintensiv ist, sollten bei der Durchführung von Persona-Projekten alle Maßnahmen ergriffen werden, die die Erfolgsaussichten verbessern. Insbesondere (a) Berater oder Dienstleister, die Persona-Dienstleistungen für Organisationen anbieten, und (b) Organisationen selbst können den PRS zusammen mit dem vorgeschlagenen Punkte-

Tab. 10.1 Persona-Readiness-Scale (PRS) in Anlehnung an Guan et al. [1]

Konstrukt	Aussage
Bereitschaft zum Bedarf	„Unsere Organisation/Abteilung braucht Candidate Personas."
	„Wir betrachten Candidate Personas als wichtig."
	„Candidate Personas würden für uns hilfreich sein."
	„Wir brauchen Candidate Personas jetzt."
Bereitschaft zur Kultur	„Es ist für uns essenziell, unsere Bewerbenden zu verstehen."
	„Wir benötigen Empathie, um unsere Bewerbenden zu verstehen."
Wissensstand	„Die meisten Menschen in unserer Organisation/ Abteilung wissen, was Candidate Personas sind."
	„Die meisten Menschen in unserer Organisation haben Candidate Personas bereits für ihre Arbeit verwendet."
	„Wir wissen, wie man Candidate Personas nutzen muss."
Bereitschaft der Ressourcen	„Wir haben eine Person in unserer Organisation/ Abteilung, die sich sehr stark für Candidate Personas einsetzt."
	„Wir haben ein konkretes Budget für die Erstellung und Implementierung von Candidate Personas."
	„Es gibt ein Training/Workshop für Mitarbeitende, die Candidate Personas nicht kennen."
Daten- und Systembereitschaft	„Wir sammeln aktiv Bewerbendendaten."
	„Wir haben umfangreiche, komplexe Daten, zum Beispiel behavioristische oder demographische Informationen oder repräsentative Daten aus Studien."
	„Unsere Daten werden regelmäßig aktualisiert."
	„Unsere Daten sind reichhaltig und beinhalten Interviews oder ähnliches."
Fähigkeitsbereitschaft	„Wir sind erfahren im Umgang mit wissenschaftlicher Datenanalyse."
Zielbereitschaft	„Wir haben einen Plan, wie Candidate Personas nach der Generierung implementiert werden und wie wir aus den Candidate Personas Handlungsanweisungen operationalisieren, die uns in der täglichen Arbeit im Recruiting und Employer Branding helfen."
	„Wir haben Ziele hinsichtlich der Nutzung von Candidate Personas."
	„Wir haben klar definierte Anwendungsfälle für Candidate Personas."
	„Wir haben konkrete Kennzahlen zur Messung der Candidate Persona-Ergebnisse."

system nutzen, um ihre Persona-Reife zu beurteilen und ihren Persona-Reifegrad aktiv steigern, bevor sie kostspielige Projekte starten.

Bereitschaft zum Bedarf Der Begriff „Bereitschaft" setzt voraus, dass sich die Organisation oder Abteilung der Vorteile von Candidate Personas bewusst ist, was nicht immer der Fall ist. Dann müssen die Vorteile adaptierbar auf das eigene Unternehmen/die eigene Abteilung sein. Kurz: das operative und strategische Bewusstsein und den Bedarf an datengesteuerten Personas einschließlich einer Wertschätzung ihres Wertes und ihrer Bedeutung muss vor der Einführung von daten-basierten Candidate Personas sichergestellt werden. Die Zustimmung der Führungskräfte ist entscheidend (Seidelin et al., 2014, [2]) und ebenso wichtig wie die Zustimmung auf der Implementierungsebene – sprich: alle Stakeholder sollten hinter den Personas stehen.

Bereitschaft zur Kultur „Culture readiness" drückt das Engagement für das Verständnis der Nutzer im Allgemeinen aus. Die Wertschätzung von Empathie (Nielsen, 2019 [3]; Nielsen und Storgaard Hansen, 2014 [4]) als Teil des nutzerzentrierten Entscheidungsprozesses kann als UX Maturity bezeichnet werden (Sauro et al., 2017 [5]). Die Bedeutung von Empathie ergibt sich aus der Persona-Literatur, in der der Konsens besteht, dass Empathie einerseits durch datengetriebene Personas ver-bessert wird und andererseits zu bewerbendenzentrierteren (und damit besseren) Entscheidungen. Daher muss das Unternehmen oder die Abteilung die Motivation haben, die Bewerbenden zu verstehen, sich für das Verständnis der Bewerbenden einsetzen, sich auf nutzer-zentriertes Denken konzentrieren.

Wissensbereitschaft Die „Wissensbereitschaft" umfasst ein grund-legendes Verständnis des Konzepts der datengesteuerten Personas bei den Teammitgliedern und Erfahrung in der Anwendung von Personas. Nur mit dem nötigen Fachwissen, was datenbasierte Candidate-Personas sind und wie diese effektiv eingesetzt werden, kann eine innovative Arbeit gewährleistet werden. Falls nicht vorhanden, ist Wissensaufbau im Rahmen von Workshops oder Trainings ratsam. Erst in darauffolgenden Schritten sollten die Personas erstellt werden, mit denen nun die vorbereiteten Mitarbeitenden umgehen können.

Ressourcenbereitschaft „Ressourcenbereitschaft" bezieht sich auf die Verfügbarkeit der entscheidenden Ressourcen für das datenbasierte Persona-Projekt. Die Erstellung, Bewertung und Umsetzung von Personas müssen sowohl finanziell als auch personell optimal gewährleistet sein. Passende Schulungen für Teammitglieder sind dabei ein sehr wichtiger Schritt. Darüber hinaus sollte die Organisation eine Person benennen, die für den Erfolg des Personas-Projekts verantwortlich ist, einschließlich der Erstellung, Anwendung und Aktualisierung der Personas für die Bedürfnisse der Organisation bzw. Abteilung. Diese Person wird manchmal als „Personas Champion" bezeichnet. Diese Person ist für die Koordination jeglicher Arbeitspakete zur Erstellung und Einführung der Personas verantwortlich, genauso wie für die Aktualisierung der Personas.

Daten- und Systembereitschaft „Daten- und Systembereitschaft" bezieht sich auf Aktivitäten zur Unterstützung der Erstellung hochwertiger datengesteuerter Personas. Dies ist gekennzeichnet durch die kontinuierliche Sammlung von Nutzerdaten, die den Merkmalen von Big User Data (Volumen, Variabilität, Wahrhaftigkeit und Geschwindigkeit) entsprechen (Jung et al., 2020 [6]; Stevenson und Mattson, 2019 [7]). Die Daten müssen die Anforderungen erfüllen, wahrheitsgemäße und vielfältige Persona-Sets zu erstellen, die vollständige Informationen enthalten, um für die Entscheidungsfindung der Teammitglieder hilfreich zu sein (das Prinzip der „abgerundeten Persona" [Nielsen et al., 2015 [8]]). Die Daten und die Systembereitschaft müssen entweder intern in der Organisation vorhanden sein, an Fachleute ausgelagert werden oder durch die Nutzung von SaaS datenbasierten Persona-Systemen sichergestellt sein (Jung et al., 2018 [9]).

Fähigkeitsbereitschaft Während die Frage der Bereitschaft für alle Arten von Personas gilt (Jansen et al., 2021 [1]), stellt die Entscheidung des Unternehmens, datenbasierte Personas zu verfolgen, zusätzliche Anforderungen an die Kompetenzen in den Bereichen Datenwissenschaft und Technologie (Salminen et al., 2020 [10]). Dies wird oft nicht vollständig bzw. nicht richtig verstanden. Ausgehend von Begegnungen mit Praktikern gehen viele Stakeholder davon aus, dass sie automatisch Personas erstellen können, da ihre Organisation über ein Social-Media-Konto verfügt. Dies ist eine falsche Annahme, was die Anforderungen die Quantität, Qualität und Struktur der Daten betreffen. Die „Fähigkeit zur Bereitschaft" umfasst daher die technische Kompetenz, Systeme und Daten zu bedienen, die für die datenbasierte Persona-Generierung erforderlich sind. Dazu gehören Kenntnisse über Datenerhebungen (quantitative und qualitative Verfahren), Algorithmen, Datenstrukturen, Datenbanken, externe Datenquellen wie APIs sowie ein fundiertes Verständnis der Prinzipien der Nutzersegmentierung und deren Zusammenhang mit statistischen Verfahren zur Mustererkennung und Datenreduktion, die häufig für die Erstellung von Personas verwendet werden.

Daher muss das Unternehmen über datenwissenschaftliche Kompetenzen verfügen oder Zugang dazu haben (etwa über externe Dienstleister, die das übernehmen). Datenbasierte SaaS-Personas (Jung et al., 2018 [9]) können diese Fähigkeit ergänzen oder erweitern. Die genauen Fähigkeiten hängen von dem angewandten Ansatz zur Erstellung von Personas (qualitativ, quantitativ oder gemischt) ab.

Zielbereitschaft Die Erfahrung zeigt: Wer Erfolge sieht, bleibt auch motiviert. Um datenbasierte Candidate-Personas nach ihrer Erstellung auch weiterhin effektiv und motiviert einsetzen zu können, braucht es Leistungskennzahlen (z. B. Marketingergebnisse, Bewerbendenzufriedenheit, …). Die Messgrößen sollten mit einem Implementierungsplan abgestimmt werden (d. h. eine Liste von Kampagnen/Projekten/Aktivitäten/Programmen, bei denen Personas eingesetzt werden sollen, zusammen mit einer Beschreibung, wer und von wem) und greifbaren numerischen Zielen (z. B. wird die Einführung von Personas die Zufriedenheit der befragten Bewerbenden innerhalb von 6 Monaten nach Einführung der Candidate-Personas um 15 % verbessern oder: die Zahl qualifizierter Bewerbenden steigt nach Einführung der Candidate-Personas um 10 %, oder Minimierung der Streuverluste im Performance Marketing um 80 %). Die Organisation muss über definierte Ziele und Messgrößen verfügen, um die Umsetzung und Verfolgung der Personas zu unterstützen.

10.3 Sind datenbasierte Candidate-Personas etwas für Ihr Unternehmen, selbst wenn Sie bereit dazu sind?

Unternehmen sollten folgende Fragen berücksichtigen, bevor sie datenbasierte Candidate Personas erfolgreich einsetzen wollen:

- Benutzerorientierte Produkte: Bietet Ihre Organisation Produkte/Dienstleistungen in Online-Umgebungen an? (z. B. digitalen Bewerbungsprozess, Karriere-Webseite, soziale Mediakanal zum Employer Branding etc.)
- Vielfältiger Nutzerkreis: Hat Ihre Organisation einen großen und vielfältigen Nutzer-/ Bewerbendenstamm?
- Hat Ihre Organisation digitale Informationen über Ihre Bewerbenden gesammelt (Webanalytics, Social-Analytics, Personalstammdaten, strukturierte Ein- oder/und Austrittsgespräche, etc.)?
- Professionelles Management der Bewerbendendaten: Wird hierbei eine große Komplexität erreicht und verwaltet? (z. Bewerbenden-Management-System)
- Messbare Eigenschaften: Sind die Bewerbendeneigenschaften, an denen Ihr Unternehmen/die jeweilige Fachabteilung interessiert ist, leicht quantifizierbar?

Wenn die Antworten auf diese Fragen überwiegend positiv ausfallen, bringen Sie datenbasierte Personas in der Kundenzentrierung Ihrer Recruiting- und Employer-Branding-Aktivitäten weiter. Sollten die Antworten auf diese Fragen überwiegend negativ ausfallen, könnten andere Techniken für das Unternehmen sinnvoller sein, etwa „nur" Zielgruppen-Segmentierungen oder eine reine skillbasierte Kandidaten/Kandidatinnensuche.

10.4 Dreistufiger Prozess für den Einsatz von Candidate Personas

Wenn Sie festgestellt haben, dass Ihr Unternehmen für datenbasierte Candidate Personas bereit ist, finden Sie hier einen dreistufigen datengesteuerten Persona-Onboarding-Prozess.

Die Schritte sind wie folgt:

Schritt 1: Aufklärung – Einführung, Definition und Erläuterung datenbasierter Candidate-Personas. Stellen Sie sicher, dass die Stakeholder die Vorteile, Aufwände und Kosten von datenbasierten Personas verstehen und wissen, wie und zu welchen Zwecken man datenbasierte Candidate-Personas am besten einsetzt. Legen Sie die Grundlage in Form von Daten, Technologie, Fähigkeiten und Managementunterstützung.

Schritt 2: Investieren – Beteiligen Sie die Stakeholder an der Erstellung datengestützter Personas, um das Vertrauen und die weitere Nutzung der Personas in der Zukunft sicherzustellen. Dies erfordert das Fachwissen der Organisation in Bezug auf Daten, Technologie und Verständnis. Wenn diese Voraussetzungen intern nicht gegeben sind, benötigt das Unternehmen externes Fachwissen.

Schritt 3: Einsatz – Richten Sie die Prozesse und die Kultur ein, in denen datengesteuerte Personas im organisatorischen Arbeitsablauf verwendet werden. Unterstützen Sie die Beteiligten dabei, sicherzustellen, dass die Vorteile datengesteuerter Personas greifbar sind und in die Arbeitsabläufe des Unternehmens und die gemessenen Leistungskennzahlen (KPIs) einfließen. Dabei ist es entscheidend, eine/n Persona-Verantwortliche/n zu haben.

> **Bildung, Investition, Beschäftigung: Ein Persona-Kreislauf**
>
> Neue Stakeholder kommen in die Organisation und müssen in die datenbasierten Candidate-Personas eingearbeitet werden. Die Personas müssen aktualisiert werden. Neue Produkte werden entwickelt, die sich an neue Bewerbenden-Gruppen richten, neue Prozesse werden eingeführt, die aus den Augen der Bewerbenden zu betrachten sind.

Kurz: Datenbasierte Candidate-Personas sind nie wirklich fertig. Sie sind ein lebendes Dokument – auch dafür braucht es eine/n Personaverantwortliche/n.
Personas müssen klug durchdacht, datengestützt, authentisch, realistisch, vollständig, relevant, konsistent und aufschlussreich sein und bleiben, damit sie im Unternehmen funktionieren. Wenn die Stakeholder die Personas nicht als gültig ansehen, werden die Personas nicht verwendet.

Literatur

[1] Jansen, B. J., Salminen, J. O., Jung, S., & Guan, K. (2021). *Data-driven personas (Synthesis lectures on human-centered informatics)*. Morgan and Claypool Publishers.
[2] Seidelin, C., Jonsson, A., Hegild, M., Remer, J., & Diekmann, P. (2014). Implementing personas for international markets: A question of UX maturity. In *Proceedings at SIDER*. https://sider2014.csc.kth.se/wp-content/uploads/sites/8/2014/04/sider14_submission_9.pdf. Zugegriffen: 15. Juni. 2022.
[3] Nielsen, L. (2019). *Personas-user focused design* (2. Aufl.). Springer.
[4] Nielsen, L., & Storgaard Hansen, K. (2014). Personas is applicable: A study on the use of personas in Denmark. In *Proceedings of the sigchi conference on human factors in computing systems*. https://groups.cs.umass.edu/nmahyar/wp-content/uploads/sites/8/2019/01/reading15-optional1.pdf. Zugegriffen: 15. Juni 2022.
[5] Sauro, J., Johnson, K., & Meenan, C. (2017). From snake-oil to science: Measuring UX maturity. In *Proceedings of the 2017 chi conference extended abstracts on human factors in computing systems*. http://library.usc.edu.ph/ACM/CHI%202017/2exab/ea1084.pdf. Zugegriffen: 15. Juni 2022.
[6] Jung, S.-G., Salminen, J., & Jansen, B. J. (2020). Giving faces to data: Creating data-driven personas from personified big data. In *Proceedings of the 25th international conference on intelligent user interfaces companion*. https://dl.acm.org/doi/10.1145/3379336.3381465. Zugegriffen: 15. Juni 2022.
[7] Stevenson, P. D., & Mattson, C. A. (2019). The personification of big data. In *Proceedings of the design society: international conference on*

engineering design. https://iced.designsociety.org/publication/42168/The+P ersonification+of+Big+Data. Zugegriffen: 15. Juni 2022.

[8] Nielsen, L., Hansen, K. S., Stage, J., & Billestrup, J. (2015). A template for design personas: Analysis of 47 persona descriptions from Danish industries and organizations. *International Journal of Sociotechnology and Knowledge Development.* https://www.researchgate.net/ publication/282531855_A_Template_for_Design_Personas. Zugegriffen: 15. Juni 2022.

[9] Jung, S.-G., Salminen, J., An, J., Kwak, H., & Jansen, B. J. (2018). Automatically conceptualizing social media analytics data via personas. In *Proceedings of the international AAAI conference on web and social media (ICWSM 2018).* https://core.ac.uk/download/pdf/339159616.pdf. Zugegriffen: 15. Juni 2022.

[10]   Salminen, J., Guan, K., Jung, S., Chowdhury, S. A., & Jansen, B. J. (2020). A literature review of quantitative persona creation. In *CHI '20: proceedings of the 2020 CHI conference on human factors in computing systems.*   https://www.researchgate.net/publication/341697415_A_ Literature_Review_of_Quantitative_Persona_Creation. Zugegriffen: 15. Juni 2022.

Weiterführende Literatur

1. Ansari, S., & Müller, W., *Content marketing. Das Praxis-Handbuch für Unternehmen: Strategie entwickeln, Content planen, Zielgruppe erreichen.* Mitp Verlag.
2. Brunson, R. (2020). *The underground playbook for growing your company online with sales funnels.* Hay House Inc.
3. Esch, F.-R., & Kochann, D. (2019). *Kunden begeistern mit System.* Campus.
4. Lee, M., Kwahk, J., Han, S. H., Jeong, D., Park, K., Oh, S., & Chae, G. (2020). Developing personas and use cases with user survey data: A study on the millennials' media usage. *Journal of Retailing and Consumer Services, 54.*
5. Meffert, H., Burmann, C., Kirchgeorg, M., & Eisenbeiß, M. (2018). *Marketing: Grundlagen marktorientierter Unternehmensführung Konzepte – Instrumente – Praxisbeispiele* (13. Aufl.). Springer Gabler.

6. Revella, A. (2015). *Buyer personas: how to gain insight into your customer's expectations, align your marketing strategies, and win more business.* Wiley.
7. Salminen, J., Jansen, B. J., Haewoon Kwak, J. I., & Jung, S. (2018). Are personas done? Evaluating their usefulness in the age of digital analytics. *Persona Studies, 4*(2), 47–65.
8. Schulte, S., & Schwarz, T. (2019). *Leitfaden Customer Experience: Wie positive Erlebnisse Kunden binden.* Marketing-Börse GmbH.
9. https://thestory.is/en/journal/how-create-sales-funnel-using-b2b-buyer-persona/. Zugegriffen: 07. Apr. 2022.

11

Bestcase: Deutsche Bahn

Kein Recruiting ohne Daten Kerstin Wagner leitet die Talent Acquisition der Deutschen Bahn. Der Konzern besetzt jährlich mehr als 20.000 Stellen, auf die sich bis zu 400.000 Menschen bewerben. Damit hat Kerstin Wagner wohl eine der anspruchsvollsten Recruiting-Aufgaben in Deutschland. Wie der Personalgewinnung Daten helfen, hat sie uns im Interview verraten.

Wie nutzt die Deutsche Bahn Daten, um Customer Centricity in die Personalgewinnung zu bringen?
Bei der Customer Centricity bei uns in der Personalgewinnung dreht sich alles um die Bewerbenden. Sie stehen für uns im Mittelpunkt, sie sind unsere Kund:innen.

Um ihnen ein wirklich gutes Bewerbenden-Erlebnis zu schaffen, deklinieren und analysieren wir die komplette Kette des Bewerbungsprozesses regelmäßig durch. Wir haben schon vor Jahren damit begonnen, das Kundenerlebnis genau zu definieren: Wo und wann muss es stattfinden und wie läuft es auf den unterschiedlichen Plattformen idealerweise ab? Und: Wie sieht der Personalgewinnungsprozess dahinter aus: vom Employer Branding, der Erstansprache über das Interview bis hin zum Pre-Boarding und OnBoarding.

Konzeptionsarbeit, bei der schon Daten eine Rolle spielen?
Genau: Wir setzen dabei auf unterschiedliche Methoden: Von Fokusgruppen bis Usability-Tests. Wenn ich Erlebnisse und Prozesse definiert habe, kann ich festlegen: An welchen Punkten kann ich Daten erheben, die mich schlauer und das Kundenerlebnis besser machen?

Wie kann ich mir das ganz praktisch bei der Deutschen Bahn vorstellen?
Jede Vakanz beginnt bei uns mit einem Briefinggespräch zwischen Führungskraft und Recruiter:in. Dabei spielen Daten eine signifikante Rolle: Unsere Recruiter:innen sind mit einem Tool ausgestattet, das zu jedem Stellenprofil datenbasiert ausgibt, wie der Arbeitsmarkt in dem Bereich gerade aussieht, wie die Gehaltsspannen pro Region gestaltet sind, wie viele Ausschreibungen zu dieser Stelle von anderen gerade am Markt sind und wie lange es im Schnitt dauert, eine solche Stelle optimal zu besetzen. Mit diesem Tool, das auf verschiedene externe Datenquellen inklusive der Agentur für Arbeit zugreift, können wir unsere Personalgewinnungsstrategie ableiten, der Führungskraft die Situation auf dem Arbeitsmarkt erklären – und so ideal die Besetzung steuern.

Sie sprachen davon, Daten zu erheben, um Recruiting-Prozesse besser zu machen. Welche sind das bei der Deutschen Bahn?
Wir nutzen datenschutzkonformes Webtracking für unsere Karriereseite. Die Daten geben uns Aufschluss darüber, wie viele Menschen sich die Seite anschauen, von welcher Quelle sie kommen, wie lange sie dortbleiben, worauf sie klicken, wo sie eventuell abspringen. Wir führen mithilfe von Webtracking-Software auch A/B-Tests durch, testen also unterschiedliche Bildwelten und Texte. Die Version, die besser funktioniert, spielen wir dann aus.

Noch interessanter wird es, wenn wir unseren Recruitingprozess in Zahlen betrachten: Wir nutzen weltweit ein Bewerbermanagement-Tool mit integriertem, datenschutzkonformem Monitoring: In Kombination mit den Daten einer Analytics-Software erkennen wir zum Beispiel, wo die meisten Leute im Bewerbungsprozess abbrechen und ziehen Rückschlüsse daraus, warum sie das tun. Genau da greifen wir dann optimierend ein.

Bei mehr als 20.000 zu besetzenden Stellen im Jahr geht es in der Personalgewinnung also gar nicht ohne Daten?
Genau: Wir sprechen bei der Deutschen Bahn von mehreren Tausend Ausschreibungen, die täglich parallel laufen. Wir wenden einen Algorithmus an, die sogenannte Sourcing Automation, mit dessen Hilfe wir jederzeit im Blick haben, welche Stellenausschreibungen gerade gut und welche weniger gut laufen – unter anderem anhand der Bewerberzahlen: Habe ich zum Beispiel auf einer Marketingstelle derzeit 10 Bewerbungen, ist die Anzeige unterdurchschnittlich performant. Habe ich 10 Bewerbungen bei einer offenen Cybersecurity-Stelle, ist das ein Top-Ergebnis.

Basierend auf diesen Erkenntnissen entscheiden wir dann: Investieren wir mehr in Marketing? Muss die Anzeige neu formuliert und -gestaltet werden?

Zusätzlich zu den genannten Datenpunkten arbeiten Sie auch mit Zielgruppen-Segmenten und Personas. Was kann ich mir darunter jeweils verstehen?
Zielgruppensegmente sind datenbasierte Dossiers zu bestimmten Stellen-Clustern. Wir unterscheiden hier nach Karriereleveln: Schüler:innen, Studienabsolvent:innen, Fachkräfte, Akademiker:innen, Führungskräfte – und innerhalb dieser Segmente differenzieren wir etwas weiter, etwa nach IT-Expert:innen und Non-Tech-Profilen. Für jedes Zielgruppensegment haben wir etwa drei Candidate-Personas entwickelt.

Verstanden – aber was für Daten nutzen Sie dann zum Recruiting in Sachen Zielgruppensegment?
Lassen Sie mich das am Beispiel des Zielgruppensegments „Schüler:innen" zeigen. Hier weiß ich: Wie viele Schüler*innen gibt es in welchen Bundesländern, in welcher Saisonalität kann ich sie

ansprechen, in welcher Tonalität, auf welchen Medienkanälen, welche Hobbies haben sie, welche Werte sind ihnen wichtig, welche Trigger kann die Deutsche Bahn als Arbeitgeberin nutzen, wo stehen wir im Bereich Image, wie sieht der Arbeitsmarkt für sie aus, welche beruflichen Vorstellung hat die Zielgruppe etc.

Die Daten kommen aus mehreren Quellen, etwa der Sinus- und Trendence-Studie, aber genauso fließen interne Erhebungen ein oder etwa Daten vom statistischen Bundesamt.

Und pro Segment gibt es dann zwei bis drei Candidate-Personas?
Genau. Also beim Zielgruppen-Segment Schüler*innen z. B. sind es derzeit zwei. Da haben wir unterschieden nach Mann/Frau: Emily, 16 Jahre ist Azubi-Anwärterin. Und Erkan, 18, der potenzielle Dual-Student.

Was sagen die Candidate-Personas aus?
Sie ermöglichen zum einen schnellen Überblick und zum anderen einen Deep-Dive in die Lebenswelt der Bewerbenden und ihre Bedürfnisse, Ziele, Werte, Interessen, Skills und Mediennutzung–Das ist für uns eine optimale Grundlage für Customer Centricity.

Auf welchen Daten basieren diese Candidate Personas?
Sie basieren auf den Daten aus den Zielgruppen-Segmenten – also: Repräsentative Studien, eigene Erhebungen, Erfahrungswerte aus den Fachbereichen, Arbeitsmarktanalysen.

Die Personas werden regelmäßig aktualisiert?
Ja. Spezielle Zielgruppen-Teams aus Recruiter:innen, Personalmarketingexperten und Arbeitsmarktstrategen kümmern sich darum, die Personas regelmäßig zu benchmarken und zu aktualisieren.

Wie kann ich mir so eine Persona konkret vorstellen?
Unsere Zielgruppensegmente beschreiben wir nach einer einheitlichen, klaren Struktur. Das Resultat ist eine mehrseitige Powerpoint-Unterlage. Die Personas sind ebenfalls strukturiert zusammengefasst und haben den Umfang von jeweils einer Seite. Die Unterlagen sind dem gesamten Team zugänglich.

Was geben Sie Klein-Unternehmen mit auf den Weg, die daten-basiert arbeiten wollen, um den Recruiting-Prozess zu optimieren?
Das wichtigste ist: Jedes Unternehmen kann Daten nutzen, um die Kandidatenansprache und das Recruiting zu verbessern. Das ist in der Regel mit einem minimalen Invest möglich. Man benötigt im ersten Schritt keine Sourcing-Automation-Algorithmen. Excel und Power-Point, gepaart mit einem modernen Bewerber-Management-Tool sind eine gute Basis. Die meisten Daten, die wir zur Optimierung nutzen, stehen mit den marktgängigen Tools zur Verfügung.

Außerdem bietet der Blick in das interne HR-System eine gute Basis – etwa verbunden mit der Frage, wie viele Mitarbeitende über die nächsten Jahre in Rente gehen. In einem engen Arbeitsmarkt gewinnen auch Fluktuationsanalysen an Relevanz, aktuell für die Ableitung von Bindungsaktivitäten und langfristig u. a. für die Ermittlung des zukünftigen Personalbedarfs.

Was außerdem noch einfach zu realisieren ist: Über welchen Kanal/Plattform erhalte ich wie viele Bewerbungen auf meine Aus-schreibungen?

Abschließend noch ein Tipp: Absagen von Kandidat:innen kann man nutzen, um Prozesse zu optimieren oder Learnings zu erhalten: Was ist der Grund, dass sich eine Kandidatin oder ein Kandidat nicht für uns entschieden hat ? Diese Gründe erfassen wir dann strukturiert im Bewerbermanagementsystem, damit wir sie optimal auswerten können.

Fazit: Ein modernes und innovatives Personalmarketing und Recruiting werden vor allem durch den Einsatz von Daten und Techno-logie ermöglicht (Abb. 11.1).

Persona: Schüler:in

- Alter
- Klasse
- Schulform
- Wohnsituation
- Freizeitgestaltung
- Persönlichkeitseigenschaften
- Werte & Ziele im Leben
- Berufliche Werte, Erwartungen, Orientierung & Ziele
- Kommunikation & Mediennutzung

DB AG | Kerstin Wagner | Talent Acquisition | 20.06.2022   1

Abb. 11.1 Inhalte einer Persona Sedcard der Deutschen Bahn (Bild: Deutsche Bahn AG/Oliver Lang)

12

Personas am Leben halten

In diesem Kapitel lernen Sie, wie Sie Personas fest im Unternehmensalltag integrieren – denn Personas müssen im Unternehmen leben, präsent sein, damit Customer Centricity allen Mitarbeitenden ins Blut übergeht. Außerdem erfahren Sie, wann es Zeit ist, Personas zu überarbeiten.

Informationsveranstaltungen Nicht alle Mitarbeitenden verstehen sofort, was eine Persona ist und wozu sie gebraucht wird – trotz Kick-off-Veranstaltung und regelmäßigen E-Mails oder Aushängen. Bieten Sie in regelmäßigen Abständen Informationsveranstaltungen an, in denen Sie allen Mitarbeitenden über das Candidate-Persona-Projekt berichten: Erzählen Sie Erfolge, Misserfolge, Anekdoten aus der Erstellung und begeistern Sie für das Thema. Am einfachsten gelingt das, wenn der/die Persona-Verantwortliche Botschafter gewinnt, die das Thema begeistert und die ihre Begeisterung weitertragen möchten. Eine halbe Stunde pro Veranstaltung genügt. Eine Faustregel: Je abwechslungsreicher und praxisnäher die Veranstaltung, desto besser – z. B. mit Videos, Interviews und/oder kleinen Diskussionsrunden.

© Der/die Autor(en), exklusiv lizenziert an Springer Fachmedien Wiesbaden GmbH, **113**
ein Teil von Springer Nature 2022
S. Rippler, *Das Persona-Prinzip*, https://doi.org/10.1007/978-3-658-38979-6_12

Interne Image-Kampagne Ergänzend oder alternativ zu Informations-veranstaltungen ist eine interne Image-Kampagne von Vorteil. Denn: Personas zu etablieren, setzt eine gute Kommunikation voraus. Klären Sie Ihre Kollegen auf, warum Sie diese Candidate-Personas ent-wickelt haben und welche Vorteile Sie ganz konkret für den Arbeits-alltag erwarten. Auch diese Kampagne sollten Sie abwechslungsreich und interessant gestalten. Wir empfehlen, die Informationen nicht gebündelt als ellenlange E-Mail weiterzugeben. Kombinieren Sie lieber unterschiedliche Formate, z. B. Rundmails, Image-Filme, Blogbeiträge, Social Posts oder auch Informationsaufsteller, Poster und Co.

Workshops In Workshops können Sie zusammen mit Ihren Mit-arbeitenden und Kollegen herausfinden, wie Personas im operativen Geschäft unterstützen. Sie zeigen, wie Candidate-Personas in der Praxis angewandt werden und welche Vorteile aber auch Hürden es gibt. In kleineren Teams entwickeln Sie Bewerberzentrierte Ideen, Strategien und Arbeitsabläufe.

Wir empfehlen, bereits zu Beginn eines Persona-Projekts einen Workshop durchzuführen. So können Sie Erwartungen und Sorgen Ihrer Mitarbeitenden direkt aufnehmen. Außerdem profitieren Sie so vom Expertenwissen verschiedener Mitarbeitenden – so fühlen sich alle Kollegen/Kolleginnen miteinbezogen. Workshops helfen auch, verschiedene Bereiche zusammenzubringen: und so ggf. über das Recruiting und Employer Branding hinaus für datenbasierte Personas zu werben.

Visualisierung Wie bereits in Kap. 6 erläutert, stehen vielfältige Optionen zur Gestaltung und optischen Darstellung von Personas bereit. Ob Sedcard, erlebbarer Raum oder Moodboards – binden Sie Ihre erstellten Visualisierungen in den Alltag Ihres Teams ein. So kann die Sedcard als Poster ausgedruckt im Büroraum hängen oder das Moodboard als Desktop-Hintergrund herhalten – der Fantasie sind keine Grenzen gesetzt. Erlebbare Räume können Sie im Büro nachstellen, ob als Konferenzraum oder lieber doch im Modell- oder Puppenhaus. Kreativität zahlt sich aus und lässt das Persona-Projekt direkt interessanter wirken.

Candidate Journey Maps Mithilfe von Candidate Journey Maps können Sie die Reise einer Candidate-Persona abbilden. Sie zeigen, wann, wo und wie Ihre Zielgruppe mit Ihrem Unternehmen in Berührung kommt. Mithilfe verschiedener Tools (s. Kap. 6) können Sie die Customer Journey Map einfach sichtbar machen und individuell gestalten.

Storytelling Nutzen Sie die Persona-Profile, um basierend darauf Geschichten zu erzählen. Je nach Mediennutzung und Altersgruppe Ihrer Bewerbenden und Mitarbeitenden können sie z. B. auf Social Media zum Leben erwachen. Erstellen Sie z. B. ein Instagram-Profil für die Persona, wo sie regelmäßig Content postet. Eine andere Option: Lassen Sie die Persona für sich selbst sprechen, z. B. mit regelmäßigen Blogposts im Intranet. So lernen die Team-Mitglieder die Persona nach und nach besser kennen. Ein Bonus: Auch fiktive Profile auf sozialen Netzwerken oder Blogs nehmen wir als Personen wahr – sie wirken also realistischer und greifbarer.

Persona-Paten und Arbeitsgruppen Die Einführung neuer daten-basierter Personas bedarf eines hohen Aufwands. Hier können Persona-Paten hilfreich sein. Sie sind Experten für die neuen Personas, beantworten Fragen, sammeln Input und entwickeln Kommunikationsmaßnahmen für das neue Projekt. Dabei können Sie z. B. pro neuer Persona einen Experten aufstellen, die sich dann in Arbeitsgruppen zusammenschließen.

Candidate Personas am Leben halten Die Persona-Entwicklung kann ein aufwendiger und langwieriger Prozess sein. Umso wichtiger, dass die hart erarbeiteten Candidate Personas nicht in Vergessenheit geraten. Theoretisch sollten die Personas fester Bestandteil aller operativen Bewerbenden-Prozesse sein, denn sie helfen, aus Bewerbendensicht zu denken. In der Praxis können Personas schnell an Bedeutung verlieren, wenn sie nicht in alle Entscheidungen integriert sind.

Eine Candidate Journey Map ist ein hervorragender Weg, die Candidate Personas in den Unternehmensalltag zu integrieren. Wie bereits erwähnt, stellt die Candidate Journey Map alle Touchpoints zwischen Persona und Unternehmen auf einer Zeitachse dar. Dabei werden alle Phasen, in denen Bewerbende mit dem Unternehmen in Berührung kommen bis hin zur Einstellung und dem Onboarding aufgezeichnet und pro Phase der Candidate Journey die Medien/ Touchpoints aufgelistet – um genau diese wiederum aus der Sicht der Candidate Personas zu optimieren. Mithilfe einer solchen Candidate Journey Map können Sie die Candidate Experience noch individueller auf Ihre Bewerbendengruppen abstimmen. Zudem werden Angebot und Prozesse auf Grundlage dessen weiterentwickelt und optimiert. Nutzen Sie pro Candidate-Persona eine eigene Candidate Journey Map.

Mit Personas Stellenanzeigen gestalten Ziehen Sie Candidate-Personas immer in die Entwicklung, Gestaltung, das Texten und die Bewerbung von Stellenanzeigen mit ein. Am einfachsten geht das mit einer aus der Candidate Persona heraus abgeleiteten Checkliste für: Sprachstil, beliebte Content-Formate (Posts, Quizzes, Videos, Audio/ Podcasts, Whitepaper, ….), Bild- und Farbwelt, etc.

Denn: Nicht nur die optische Gestaltung soll die Persona ansprechen – auch Inhalte und Tonalität sind elementare Bestandteile einer guten Kommunikationsstrategie. Beginnend mit der Ansprache durch Siezen oder Duzen über die Wortwahl bis zum Klang der Stimme – die Art und Weise, wie eine Information transportiert wird, ist nahezu genauso wichtig wie die Information selbst. Anhand Ihrer Candidate Persona können Sie z. B. auch ausmachen: Wie sollen HR-Mitarbeitende mit den Bewerbenden sprechen – z. B. lieber langsam und geduldig oder schnell und energiegeladen?

Auch bei der Wahl von Content-Formaten spielen datenbasierte Personas eine entscheidende Rolle. Überlegen Sie bei der Content-Erstellung stets: Welche Formate präferiert Ihre Persona, um sich über Ihr Unternehmen zu informieren – z. B. lieber kurze Erklärvideos oder ausführliche Blogbeiträge? Es gilt: Wenn Sie Inhalte, Formate und Tonalität gezielt auf eine Candidate Persona optimieren, erhöhen Sie die Wahrscheinlichkeit, dass aus Ihren Bewerbenden Mitarbeitende werden.

12.1 Wann es neue Candidate Personas braucht

Wie bereits in vorherigen Kapiteln angekündigt, sollten Sie Ihre Candidate Personas regelmäßig aktualisieren. Denn weil sich Menschen stetig weiterentwickeln, müssen auch Personas angepasst werden. Personas können sonst zunehmend von der wirklichen Zielgruppe abweichen, und nicht mehr genügend Mehrwert bieten. Verschiedene Faktoren wie Gewohnheiten der Zielgruppe, Trends, die Entwicklung von Markt- und Mitbewerbern sowie das Unternehmen selbst verändern sich und fordern eine Anpassung der Personas.

> Ein bekanntes Beispiel, wie sich eine Zielgruppe weiterentwickelt, ist das Harry-Potter-Franchise. Waren zu Beginn der Verfilmungen noch überwiegend Kinder die Hauptzielgruppe, wuchsen mit zunehmender Zeit auch die Fans – und das wortwörtlich. So standen bei der letzten Verfilmung eher Jugendliche und junge Erwachsene im Fokus, während aktuell vor allem die Generation der Millennials mit Fanartikeln und ähnlichem angesprochen wird.

Anhand von 5 Kriterien können Sie erkennen, ob Ihre Candidate-Personas ein Update nötig haben:

Neue Trends Neue Entwicklungen und Trends werden auch an Ihrer Zielgruppe nicht spurlos vorbeigehen – etwa neue technische Errungenschaften. Ein Beispiel: Die Nutzung mobiler Endgeräte wuchs von 2015 bis 2020 um 26 %. Aktuell surfen 80 % der Nutzer über ihr Smartphone im Internet. Das bedeutet für Unternehmen: mobile first. Candidate Journey, Website und das eigene Angebot gilt es nicht nur im Responsive Design darzustellen, sondern auch auf mobile Endgeräte zu optimieren.

Ein weiterer Trend: die sinkende Aufmerksamkeitsspanne – insbesondere in den Generationen Z und Millennials (Y). Statt langen Blogbeiträgen werden nun kurze Service-Posts interessanter. Zudem nimmt das Verlangen nach audiovisuellen Inhalten zu, d. h. auch kurze Videoformate werden zunehmend relevanter.

Diese Veränderungen stehen nur beispielhaft für eine Vielzahl von Entwicklungen, die stetig ablaufen. Darum sollten Sie Ihr Wissen und anschließend auch Ihre Candidate-Personas immer up-to-date halten.

Neue Gewohnheiten Neben neuen Trends, die von außen auf die Zielgruppe wirken, eignet sich die Zielgruppe auch selbstständig neue Gewohnheiten an. Dabei können aktuelle Trends, Wettbewerb und ungeplante Ereignisse beeinflussen, was, wie und wo sich Bewerbende informieren oder nach Stellenanzeigen suchen.

Marktveränderungen Markt und Wettbewerb entwickeln sich ebenso wie Produkt-, Konsum- oder Techniktrends stetig weiter. Mithilfe von datenbasierten Candidate Personas können Sie nicht nur die aktuelle Lage abbilden, sondern auch in die Zukunft blicken. Indem Sie Marketing von der Zielgruppe her denken, sind Sie Ihrer Konkurrenz einen Schritt voraus.

Sie können Veränderungen am Markt aus Sicht der Bewerbenden wahrnehmen, neue Wettbewerber aufspüren und analysieren. Bei großen Änderungen gilt es, die Candidate Persona anzupassen.

Neue Angebote und Services Ein Update von Candidate Personas kann nicht nur durch äußere Faktoren, sondern auch durch innere Faktoren bedingt werden – wenn sich das Unternehmen selbst verändert. Wenn Sie neue Märkte erschließen, die nach völlig anderen Kandidatinnen und Kandidaten verlangt als sie sie bisher im Unternehmen beschäftigen, braucht es neue Candidate Personas.

Expansion oder Zukauf Bei der Expansion werden Produkte und Services auf Zielgruppen anderer Kulturen übertragen. Diese unterscheiden sich in der Regel in Wahrnehmung, Verhalten und Ansprüchen. So lassen sich Personas deutscher Zielgruppen nicht 1 zu 1 auf schweizerische Zielgruppen übertragen. Will ein Unternehmen also in anderen Ländern wachsen – sei es durch Expansion oder Zukauf

– erschließt das Unternehmen damit auch andere Kulturen, wofür wiederum eigene Candidate Personas zu entwickeln sind.

> Neben diesen fünf Indikatoren gilt die allgemeine Daumenregel: Candidate Personas sollten mindestens einmal im Jahr aktualisiert werden.

12.2 Key Learning Points

- Candidate Personas sollten in den Unternehmensalltag integriert werden, um sich zu etablieren.
- Zunächst gilt es, die Candidate Personas unter den Mitarbeitenden bekannt und verständlich zu machen. Nützlich dazu sind: Informationsveranstaltungen, Storytelling (z. B. eigenes Social Media Profil), E-Mails, Image-Kampagnen, Workshops, Visualisierungen, Customer Journey Maps, Persona-Paten usw.
- Um die Candidate Persona dauerhaft am Leben zu erhalten, empfehlen sich Operationalisierungen – etwa in Form von Checklisten für Schreibstil, Tonlage, Tone of Voice, Farb- und Bildwelten oder Content-Formate.
- Candidate Personas sollten immer dann überprüft und ggf. aktualisiert werden, wenn sich der Kunde, der Markt, das Unternehmen oder der Bewerbungsprozess ändert.
- Faustregel: Mindestens einmal im Jahr sollten Personas evaluiert und ggf. angepasst werden.

Weiterführende Literatur

1. Ansari, S., Müller, W. (2017). *Content marketing. Das Praxis-Handbuch für Unternehmen: Strategie entwickeln, Content planen, Zielgruppe erreichen.* Mitp Verlag.

2. Brunson, R. (2020). *The underground playbook for growing your company online with sales funnels.* Hay House Inc.
3. Esch, F.-R., & Kochann, D. (2019). *Kunden begeistern mit System.* Campus.
4. Lee, M., Kwahk, J., Han, S. H., Jeong, D., Park, K., Oh, S., & Chae, G. (2020). Developing personas and use cases with user survey data: A study on the millennials' media usage. *Journal of Retailing and Consumer Services, 54.*
5. Meffert, H., Burmann, C., Kirchgeorg, M., Eisenbeiß, M. (2018). , *Marketing: Grundlagen marktorientierter Unternehmensführung Konzepte – Instrumente – Praxisbeispiele* (13. Aufl.). Springer Gabler.
6. Revella, A. (2015). *Buyer Personas: how to gain insight into your customer's expectations, align your marketing strategies, and win more business.* Wiley.
7. Salminen, J., Jansen, B. J., Haewoon Kwak, J. I., & Jung, S. (2018). Are personas done? Evaluating their usefulness in the age of digital analytics. *Persona Studies, 4*(2), 47–65.
8. Schulte, S., & Schwarz, T. (2019.) *Leitfaden Customer Experience: Wie positive Erlebnisse Kunden binden.* Marketing-Börse GmbH.
9. https://thestory.is/en/journal/how-create-sales-funnel-using-b2b-Buyer-persona/. Zugegriffen: 07. Apr. 2022.

13

Anwendungsgebiete für Candidate Personas

In diesem Kapitel zeigen wir Ihnen, wie Sie Ihre erstellten Candidate Personas im Alltag nutzen. Sie erfahren, welche Anwendungsgebiete es gibt und welche Rolle Candidate Personas bei der Content-Strategie, in der Suchmaschinenoptimierung, im Performance Marketing und im Social Media Marketing spielen. Außerdem gehen wir auf das Thema Recruiting mithilfe von Personas ein.

13.1 Datenbasierte Personas als Grundlage der Content-Strategie

Basierend auf den erstellten Candidate-Personas können und sollten Sie an Ihrer Content-Strategie feilen. In diesem Kapitel lernen Sie in 5 Schritten, wie Personas Sie bei Ihrer Content-Strategie unterstützen.

Themen und Formate Aus den Daten zu Mediennutzungsverhalten, Content-Format-Vorlieben, PainPoints, beliebten Benefits und Herausforderungen leiten sich pro Candidate Persona Themen, Formate und Medienkanäle zur Verbreitung der Content-Pieces ab.

© Der/die Autor(en), exklusiv lizenziert an Springer Fachmedien Wiesbaden GmbH, ein Teil von Springer Nature 2022
S. Rippler, *Das Persona-Prinzip*, https://doi.org/10.1007/978-3-658-38979-6_13

Dazu erstellen Sie am besten eine Matrix zur Contentplanung: Vertikal tragen Sie die Kanäle, Contentformate und Themen ein, horizontal die Personas (Tab. 13.1):

Candidate Journey Map trifft Persona-Interessen Sie haben mit der unter Punkt 1 genannten Matrix operationalisiert, welche Plattformen/Kanäle, Bildsprachen, Themen und Co. grundsätzlich für welche Persona geeignet sind. Im zweiten Schritt erstellen Sie pro Persona eine Matrix, in der es darum geht, zu welchem Zeitpunkt Sie auf welchen Kanälen und mit welchen Formaten die entsprechende Zielgruppe ansprechen. Sie visualisieren also, in welchem Schritt der Candidate Journey welche Inhalte auf welchen Kanälen relevant sind.

Ein Beispiel (Tab. 13.2).

Bewerbende mit individuell zugeschnittenen Themenwelten abholen Haben Sie die unter Punkt 1 und 2 genannte Matrizen entwickelt, lassen sich daraus in einem nächsten Schritt persona-spezifische Themenwelten entwickeln. Darin werden Sinnesreize gesetzt, die zum einen emotional aufgeladen sind und zum anderen Bedürfnissen und Erwartungen der Bewerbenden entsprechen. Das Ziel: Bewerbende abholen, sodass sie Unternehmen und Marke vertrauen.

Solche Themenwelten können beispielsweise persona-spezifische Landingpages sein, die mit Bildern, Videos und Texten den Nutzer visuell, auditiv und mental ansprechen. Oder: Sie planen pro Persona Social-Posts, die Sie dann wiederum bewerben und für das Bewerben der Posts nutzen Sie die Persona-Spezifika als Targeting-Profil.

Ein Beispiel für Landingpages: Möchten Sie eine Bewerbenden-Zielgruppe ansprechen, die vor allem auf Nachhaltigkeit, Wertschätzung und hohe Flexibilität achtet, thematisieren Sie genau diese Punkte besonders ausführlich auf der Landingpage. Außerdem passen Sie Farbgebung und Tonalität an: farblich achten Sie darauf, dass auf Bildern wie farblichen Elementen soweit es das Corporate Design zulassen, natürliche Farben wie grün, beige oder weiß überwiegen. Auch die Tonalität und die Inhalte von Bild, Ton und Text werden anhand der Themenwelt festgelegt. So finden Sie z. B. auf Websites mit Umweltthemen häufig grüne Bäume oder andere Fotos mit Grünflächen vor.

Tab. 13.1 Matrix Persona/Kanal/Tonalität/Formate/Bildsprache

	Persona 1	Persona 2	Persona 3	Persona 4
Youtube	x			x
Facebook		x		
Instagram	x		x	
LinkedIn		x		
XING	x		x	
Blog		x		
Benefit 1 (Job-Bike)		x		
Benefit 2 (Remote-Work)	x		x	x
...		x		
Thema 1 (Nachhaltigkeit)	x			
Thema 2 (Wertschätzung)		x	x	x
...				
Recherchequelle Stellenanzeige 1 (Jobbörsen)		x	x	
Recherchequelle Stellenanzeige 2 (ebay Kleinanzeigen)		x	x	
...	x			
Tonalität 1 (Sachlich)		x		x
Tonalität 2 (Flippig)			x	
Tonalität 3 (emotional)	x			
...				
Bildsprache 1 (sieht gern sich und seinesgleichen)		x		
Bildsprache 2 (sieht gern jüngere Menschen)	x		x	x
...				
Content-Format 1 (Video)	x	x	x	x
Content-Format 2 (Social-Post: Text+Bild)		x		x
Content-Format 3 (Whitepaper)			x	
Content-Format 4 (Newsletter)	x		x	
...				
Werbetouchpoint 1 (SEM)	x			x
Werbetouchpoint 2 (Print-Anzeigen)		x		x
Werbetouchpoint 3 (Gastbeiträge in Blogs)			x	x
...				

Tab. 13.2 Candidate Journey Content-Matrix

Persona 1	Aufmerksamkeit	Überlegung & Interesse	Bewerbung	Auswahl	Einstellung	Onboarding
Youtube	x			x		
Facebook	x	x				
Instagram	x		x			
LinkedIn	x	x				
XING	x		x			
Blog		x				
Newsletter		x				
E-Mail-Kontakt (automatisiert/persönlich)			x	x	x	x
Stellenanzeigen		x	x			
Content-Format 1 (Video)	x	x				
Content-Format 2 (Social-Post: Text+Bild)	x					
Content-Format 3 (Whitepaper)		x				
…						

Die persona-spezifischen Themenwelten lassen sich auch auf das Geschehen offline übertragen. So tragen bestimmte Sinneseindrücke wie Geruch oder Geschmack in den Branchen der Gastronomie oder Hotellerie zum Bewerbererlebnis bei.

Neben der beständigen Themenwelt helfen Personas auch, den stets wechselnden Content aufzubessern oder auch die Regelkommunikation mit den Bewerbenden – sei es über Meldungen im Bewerber-Management-System oder per E-Mail. Denken Sie Inhalte immer aus der Perspektive des Nutzers bzw. der Persona. Was motiviert die Person, diesen Artikel oder Social Media Post zu lesen? Welche Themen und Inhalte erwartet sie? Hier geht es also darum, der Zielgruppe den bestmöglichen Nutzwert zu bieten.

Unterstützend helfen hier Sedcard, Customer Journey Map und die Keyword-Recherche. Dabei zeigt die Sedcard, welche Interessen, Pain Points und Mediennutzungsgewohnheiten die Persona auszeichnet, während die Customer Journey Map verrät, wann und auf welchen Kanälen Content Sinn macht. Die Keyword-Recherche liefert passende Schlüsselwörter, die Ihnen Inspiration für Blogthemen, Videoformate, Newsletter o. ä. liefern.

13.2 Datenbasierte Candidate Personas zur Suchmaschinenoptimierung (SEO) nutzen

Candidate Personas helfen bei der Suchmaschinenoptimierung: Denn sie lassen uns Zielgruppen besser erfassen und verstehen. Das erleichtert die Keywordrecherche, das Linkbuilding und das zielgruppengerechte Texten.

Bei SEO-Strategien sind erfolgsrelevante Keywords entscheidend für eine gute Sichtbarkeit auf den Suchergebnisseiten. Die zentrale Frage: Wie lauten die passenden Keywords, um das eigene Ranking in den Suchergebnissen zu optimieren? Datenbasierte Personas vermitteln dafür wertvolle Erkenntnisse: Sie listen Hobbies, Werte, Pain Points und Co der Zielgruppe ab, zeichnen eine Candidate Journey Map und lassen darauf basierend ein charakteristisches Suchverhalten ableiten.

Zunächst einmal können Sie mit Diensten wie Ubersuggest generell passende Keyword-Ideen finden. Nachdem eine grobe Auswahl an interessanten Keywords vorhanden ist, strukturieren Sie sie durch individuelle Filter, z. B. Höhe des Suchvolumens, Traffic-Potenzial, Konkurrenz. Dabei helfen Tools wie Searchmetrics oder Sistrix.

Schauen wir ein Beispiel: der User-Persona Martin ist bei seinem Wunscharbeitgeber wichtig, dass dieser sich nachhaltig verhält und auf eine gute Work-Life-Balance Wert legt. Auf dieser Grundlage lassen sich genau zu diesen Themen Keyword-Sets ableiten, die dann wiederum vorgeben, welche Inhalte in der Stellenanzeige oder anderen Content-Pieces, die sich an die Zielgruppen-Persona Martin richten, im Fokus stehen.

13.2.1 So helfen datenbasierte Candidate Personas beim Linkbuilding

Wer könnte ein interessanter Link-Partner sein? Welche Webseiten wären gut passend für einen guten Backlink-Aufbau? Hierzu empfehlen sich datenbasierte Personas, denn: Sie geben Auskunft darüber, welche Magazine, Blogs und Zeitschriften die Zielgruppe regelmäßig nutzt, welche Medien sie noch nutzt, auf welchen Kanälen und Social-Plattformen sie Inhalte konsumiert und sich dazu austauscht – wo also Touchpoints Sinn machen, etwa im Rahmen einer Linkpartnerschaft, eines Interviews oder eines Gastbeitrags.

Auch kann man mithilfe von datenbasierten Personas spezifischer zielgruppenrelevante Themengebiete eingrenzen, z. B. Internetseiten mit Umweltthemen oder Mobilitätsthemen. Zusätzlich kann man hierdurch besser prüfen, welches Medienformat am passendsten im Rahmen einer Linkpartnerschaft platziert werden sollte: Werden generell viele Videos konsumiert? Gehört das zu den Medienpräferenzen der Persona? Sind die Texte eher länger oder kürzer und mit Info-Grafiken visualisiert? Überall können die Erkenntnisse aus den datenbasierten Personas helfen, eine Präferenz zu bilden.

Kurz gesagt: Datenbasierte Personas unterstützen die Linkbuilding-Strategie, sodass Sie viel schneller, klarer und erfolgreicher einen Überblick erhalten können, welche digitalen Angebote als potenzielle Link-Partner relevant sind. Zudem können Sie bei der Kontaktaufnahme zu den Betreibern der Internetseite viel authentischer übermitteln, warum eine Link-Partnerschaft sinnvoll erscheint.

Ein weiterer Pluspunkt von Personas ist wirksameres Guestblogging. Welche Themen sind zu bevorzugen? Wie sollten die Themen medial aufbereitet sein? Welche Plattformen sind die relevantesten? All dies lässt sich einfach beantworten, wenn man mit datenbasierten Personas arbeitet.

13.2.2 Personas im Content Marketing einsetzen

Die große Chance von Candidate Personas ist die Wechselseitigkeit. Die Zielgruppenvertreter finden sich in den Personas wieder und die Marketingbranche erkennt die Zielgruppe, wie sie wirklich ist. Das ist das Fundament, um mit der Werbung eindrucksvolle Geschichten zu erzählen, die faszinieren und nicht einfach nur nett klingen. Es bildet die Grundlage für Werbeaktivitäten, die ohne große Streuverluste auskommen, da Sie genau wissen, welche Medien Ihre Zielgruppe bevorzugt.

Organische Social Media Posts – ebenfalls kein Problem mit Personas. Virale Momente passieren im Social Web vor allem dann, wenn User freiwillig einen Post teilen. Und das gelingt, wenn die Inhalte die Zielgruppe begeistern. Diese Begeisterung ermöglichen Social Media-Personas, denn dank diesen wissen Sie genau, mit welchen Inhalten Sie bei Ihrer Zielgruppe wirklich punkten.

13.3 Datenbasierte Candidate Personas im Performance Marketing

Performance Marketing will direkt messbare Ergebnisse erzielen. Damit der Weg von dem Ad zur Action möglichst direkt verläuft, helfen datenbasierte Candidate Personas. Sie ermöglichen passgenaue Copytexte und eine zielgerechte Bildsprache.

13.3.1 Was Candidate Personas mit Targeting zu tun haben

Candidate Personas erleichtern effektives Targeting. Denn: Targeting benötigt ein möglichst klares Verständnis der Zielgruppe und der eigenen Ziele. Mit datenbasierten Candidate Personas können Zielgruppen konkret charakterisiert werden. Welche Interessen hat ein typischer Zielgruppenvertreter? Welche Bedürfnisse, welche Wünsche, aber auch welche Sorgen beschäftigen ihn/sie? Personas können noch mehr: Für erfolgreiches Marketing ist die Tonalität entscheidend. Dazu genügt es nicht, auf der Basis von soziodemographischen Merkmalen, wie beispielsweise Alter, Einkommen oder Beruf, konkrete Strategien zu entwickeln. Ein ganzheitliches Verständnis der Zielgruppe ist gefragt. Datenbasierte Personas liefern genau das dank eines authentischen Bilds der Zielgruppe.

Beispiel: Da ist Max, der offen, humorvoll ist, sich für die Gerechtigkeit beim Klimaschutz einsetzt und sehr gerne Krimi-Podcasts hört. Weitere Details sind

Max Stiglhöfer

Allgemein:
- Alter: 29
- Familienstand: ledig
- Wohnort: München
- Wohnung: Altbau-Mietwohnung
- Kinder: keine
- Ausbildung: Geographie-Studium
- Job: Wissenschaftlicher Mitarbeiter
- Einkommen: 45.000 Euro/Jahr

Lifestyle:
- Hobbies: Zeit mit Freunden verbringen
- Freizeitgestaltung: Teamsport (Fußball, zweimal die Woche)
- Auto: ohne, jedoch Lastenfahrrad
- Kleidungsstil: Second-Hand, vegane Materialien
- Wohnungseinrichtung: Möbel mit Öko-Siegel für nachhaltigen Ressourceneinsatz
- Ernährung: veganes Bio-Essen, regional produziert, fair trade Siegel

---

- Typ und Freundeskreis: offen, humorvoll, gerne mit Freunden auf Musik-Events
- Online-Verhalten: Nutzt überwiegend Instagram und folgt hierbei Accounts wie Greenpeace, Robin Wood sowie Stiftung Regenwald erhalten e. V.
- Sport: Aktiv Fußball, Fan von Bayern München

Ansprüche:
- Qualität: Produkte müssen praktisch sein und Umweltstandards einhalten
- Komfort: eher weniger wichtig
- Selbstdarstellung: eher gering
- Sicherheitsdenken: mittelmäßig ausgeprägt
- Abenteuerwunsch: Die Welt retten

Sonstiges:
- Apps: Nutzt Zeitmanagement Apps wie Google Kalender
- Bezug zum Unternehmen: Bisher nur durch indirekten Kontakt (Online-Werbung gesehen)

Da ist **Susanne**, die im Alltag gerne mit dem Skateboard unterwegs ist und Freiheit als wichtigen Wert für sich erkannt hat. Sie ist extrovertiert, schaut gerne Kochvideos auf YouTube und kümmert sich ehrenamtlich im Tierheim um alleingelassene Hunde. Weitere datenbasierte Details könnte man genau wie bei Max auflisten (allgemein, Lifestyle, Ansprüche sowie Sonstiges).

Mit diesen Zielgruppenbeschreibungen können Sie unkompliziert eine passende Marketing-Strategie entwickeln. Sie wissen genau, welche Plattform, welche Inhalte und welcher Stil dabei richtig gut ankommt. Bei Max texten Sie beispielsweise eher faktenorientiert und nüchtern, während Susanne sich emotionaler ansprechen lässt und statt Fakten eher kleine Geschichten braucht.

Ein Beispiel: Bei Google Ads ist die Herausforderung, eine erfolgreiche Kampagne zu starten durchaus anspruchsvoll. Es geht zunächst um die Zielgruppe – wie wird sie beschrieben und welche werbliche Ansprache passt dazu? Mit Candidate Personas ist klar, welche Headline ein Google Ad haben sollte, welche Inhalte die Zielgruppe begeistern und vor allem welche Keywords die Kampagne verwenden sollte. Damit lässt sich die

> Effektivität beim Targeting steigern und finanzielle Ressourcen können
> möglichst effizient eingesetzt werden.

Datenbasierte Candidate Personas helfen, möglichst konkret Marketing-Ressourcen dort einzusetzen, wo sie die beste Wirkung erzielen. Targeting ist dann besonders effektiv, wenn das Verständnis der Zielgruppe möglichst authentisch ist. Dazu gehört es, einem beispielhaften Zielgruppenvertreter ein Gesicht zu geben, einen Namen, demografische Details, Interessen, Verhaltensmerkmale, Ziele, Details zur Motivation, Probleme der Zielgruppe sowie die alltäglichen Mediengewohnheiten. So weit, so gut. In der Praxis bedeutet das, dass für unterschiedliche Kampagnen auch unterschiedliche Personas verwendet werden können oder sogar müssen.

13.3.2 Mit Candidate Personas zum perfekten Ad

Ein wichtiger Vorteil von Candidate Personas: Das professionelle Targeting ermöglicht nicht nur die Ansprache konkret passender Zielgruppenvertreter, sondern auch einer so genannten Look-a-like-Audience. Das bedeutet, dass auf der Basis der Ähnlichkeit zur Kernzielgruppe erweiterte Zielgruppen angesprochen werden können. Zielgruppen, an die man bisher noch gar nicht gedacht hatte, die aber durch die Verwendung von Personas sichtbar werden.

Copytexte
Marketing-Kampagnen benötigen Ressourcen. Die Praxis zeigt jedoch: Marketing-Kampagnen mit Candidate Personas benötigen deutlich weniger Ressourcen. Durch die beispielhaft vorhandenen Zielgruppenvertreter können Werbetexte viel schneller formuliert werden. Gleichzeitig sparen Sie Kosten bei der Texterstellung, da weniger Arbeitskräfte damit beschäftigt sind. Zudem erreichen Sie eine bessere Conversion Rate. Die Zielgruppe fühlt sich besser verstanden und wird in der Konsequenz auch eher ein Produkt kaufen bzw. eine Dienstleistung nutzen.

Beispiel Max: Wir wissen, dass er sich für Sport interessiert, insbesondere Fußball. Wir wissen auch, dass er Humor mag und am liebsten die Welt retten will. Allein mit diesen beiden Details kann man die Copytexte in eine bestimmte Richtung lenken.

Zielgenaue Bildsprache
Neben den Vorteilen bei der Texterstellung sind auch Vorteile bei der Erstellung von visuellen Botschaften realisierbar. Oft vergeht unnötige Zeit beim Gestaltungsprozess von Werbeanzeigen, wenn die Vorgaben für Grafik und Design eher ungenau sind. Personas ermöglichen Klarheit beim Briefing und es wird weniger Zeit benötigt, um die Bildsprache zu gestalten. Des Weiteren lassen sich Missverständnisse vermeiden oder zumindest reduzieren. So schaut sich die Zielgruppe nicht die Werbeanzeige an und fragt sich, was sie zu bedeuten hat. Sondern sie versteht die Anzeige auf den ersten Blick. Schlussendlich kann bei der Gestaltung der Bildsprache ein viel besserer, viel authentischerer Bezug zum Unternehmen hergestellt werden. Sie wissen dank der Personas, welche Präferenzen es bereits für die Marke gibt. Demzufolge kann auch viel unkomplizierter die Marke bei der Gestaltung von Grafik und Design integriert werden.

Beispiel Max: Wir wissen, dass er sich für sich für Second-Hand Kleidung auf veganer Basis sowie für einen generell veganen Lebensstil interessiert. Auch unterstützt er Greenpeace. Allein mit diesen Informationen kann man die Bildsprache sehr konkret gestalten.

13.4 Datenbasierte Candidate Personas im Social Media Marketing nutzen

Social Media ist dann erfolgreich, wenn es die Zielgruppe berührt und Diskussionen zu den veröffentlichten Inhalten entstehen. Candidate Personas helfen, die Zielgruppe zu verstehen und relevante Themen zum richtigen Zeitpunkt auf den passenden Plattformen zu posten.

Personas für organische Social Media Posts Was man im Social Web leider zu oft sieht: Viel Lärm um wenig relevante Inhalte. Hauptsache ist, man ist dabei und mindestens ebenso laut wahrnehmbar wie die Wettbewerber. Wirklich relevant aber: Die Interessen der Zielgruppe. Zielgruppen wollen verstanden werden, in interessanter Weise angesprochen werden, wollen gehört werden und wollen sich aktiv einbringen – wenn das Thema zu ihren Präferenzen, Erwartungen und Werten passt.

An dieser Stelle kommen datenbasierte Candidate Personas ins Spiel. Sie steigern direkt die Relevanz Ihrer Posts. Denn im digitalen Medienwettkampf dreht sich alles um Aufmerksamkeit. Überall springen uns dramatische Schlagzeilen an, werden wir mit Breaking News konfrontiert, erwarten Push-Nachrichten sofortige Beachtung und weisen Social Media-Plattformen auf neueste Notifications hin. Wie soll man da noch den Überblick behalten und wie kann in diesem Wettkampf um Zielgruppen das eigene digitale Angebot echte Aufmerksamkeit erlangen?

Wenn Sie ein nur oberflächliches Bild von der Zielgruppe haben, sind auch nur oberflächliche Interaktionen möglich. Wissen Sie aber genau, wen Sie ansprechen, kann direkt ein interessantes Gespräch entstehen.

Über unsere Candidate Person wissen wir, welche Medien wann und in welchem Umfang genutzt werden und wie aktiv die Persona diese Medien nutzt. Wir wissen, wie die Person sich verhält, wenn sie ein neues Unternehmen kennenlernen will, also welche Internetseiten oder Dienste sie dann ansteuert und wie sie mit anderen Usern ins Gespräch kommt. Auf dieser Grundlage erstellt sich leicht eine zielgenaue Social Media-Konzeption: Meldet sich die Person lediglich zweimal pro Woche bei Instagram an, um die neuesten Entwicklungen zu verfolgen? Dann ist es unnötig, täglich neue Nachrichten auf Instagram zu veröffentlichen.

Durch die Klarheit der Datengrundlage von datenbasierten Personas werden auch firmeninterne Prozesse beschleunigt. Oft gibt es in Unternehmen unterschiedliche Ansichten, welche Inhalte im Social Web veröffentlicht werden sollten. Das kann zu endlos erscheinenden Abstimmungsprozessen führen. Diese Abläufe lassen sich mit Personas deutlich verkürzen, da die Faktengrundlage klar ist: Jeder weiß, was die Zielgruppe wann, weshalb, wo und wie intensiv im digitalen Netz nutzt.

Zu den zusätzlichen Vorteilen datenbasierter Personas zählt die verbesserte Storytelling-Chance. Nur wenn Sie die Zielgruppe und ihren Alltag kennen, können Sie authentisch Geschichten erzählen, die komplex wirken und nicht einfach nur einen für die Zielgruppe relevanten Punkt ansprechen. In diesem Sinne sind auch kluge Verbindungen zwischen den einzelnen Social Media-Plattformen möglich: Bestimmte Inhalte einer Geschichte erzählen Sie am besten auf LinkedIn, auf Instagram wird die Geschichte visuell ausführlicher vorgestellt, während man das zugehörige Video auf YouTube findet.

Ein weiterer Pluspunkt ist die Chance, Zielgruppenvertreter als Markenbotschafter zu gewinnen. Wer den Nerv der Zielgruppe trifft, wird eher Interaktionen oder zumindest positive Rückmeldungen erhalten. Wer einer Firma auf Instagram folgt, zeigt automatisch, dass er das Unternehmen gut findet. Und wenn diese Person sogar Artikel auf LinkedIn teilt, dann wird der Zielgruppenvertreter zum aktiven Botschafter der Marke. Mehr Vertrauenswürdigkeit im Social Web ist kaum möglich.

Im Endeffekt werden Sie dank Personas nicht nur Ihre Zielgruppe besser verstehen, sondern auch die Marketing-Investitionen viel gewinnbringender einsetzen können. Der betriebswirtschaftlich relevante ROI-Faktor wird im Vergleich zu ähnlichen Kampagnen, die jedoch ohne Social Media-Personas agierten, deutlich besser ausfallen.

Bei der Umsetzung einer solchen Strategie sind verschiedene Details zu beachten:

Da ist zunächst die Datenanalyse der bereits vorhandenen Social Media-Follower – am besten sind diese Daten bereits in die Candidate Persona eingeflossen. Falls nicht: Unbedingt ergänzen! Welche Interessen hinsichtlich welcher Inhalte können identifiziert werden? Welche Abneigungen sowie auch Problemthemen sind erkennbar? Ebenfalls wichtig: Welche Hashtags werden bevorzugt und zu welchen Uhrzeiten funktionieren Socialposts bei der entsprechenden Zielgruppe am besten? Um solche Daten zu gewinnen, helfen professionelle Social Media-Tools wie Hootsuite, Keyhole oder Zoho Social. Mithilfe von Google Trends sowie aber auch den Insights von Twitter oder Instagram können Sie sehr gut herausfinden, über welche Themen sich die User austauschen – und somit nicht nur erfahren, welchen Themen sie folgen, sondern über welche Themen sie reden bzw. engagiert diskutieren. Bei der Analyse sollten Sie auch die Wettbewerber nicht vergessen. Wie reden die Zielgruppenvertreter auf den Social Media-Portalen der Konkurrenz? Welche Inhalte und welche Debatten werden hier bevorzugt?

Candidate Personas für Social Ads nutzen Candidate Personas lassen sich auch für Social Ads nutzen. Insbesondere der Test von verschiedenen Ads kann hierbei wertvolle Erkenntnisse ermöglichen. Die Umsetzung erfolgt via A/B-Test, beispielsweise via Facebook. Es werden zwei verschiedene Personas verwendet, beispielsweise Eva und Richard. Mit dem Facebook Ads Manager kann ein Ad auf verschiedene Zielgruppen ausgerichtet werden, u. a. entsprechend spezifischer Keywords, Interessen sowie Verhaltensweisen. Und genau diese Charakteristika liefern uns Personas; in diesem Fall Eva und Richard. Nun kann man ein identisches Ad einmal entsprechend der Profildaten von Eva und einmal entsprechend der Profildaten von Richard mit gleichem Budget online schalten und am Ende detailliert die Ergebnisse (z. B. Cost-per-Engagement, Cost-per-Click) auswerten.

13.5 Key Learning Points

* Datenbasierte Candidate Personas sind authentische Zielgruppenvertreter und geben wertvolle Insights für Keywordrecherche, zielgruppengerechte Content-Formate und Distributionskanäle.
* Link-Partnerschaften können effizienter und erfolgreicher aufgebaut werden: Dank datenbasierter Personas wissen Sie, welche Medien, Blogs, Social-Accounts für eine Kooperationsanfrage wirklich wichtig sind.
* Datenbasierte Candidate Personas machen überzeugendes Storytelling möglich: Dank ihnen wissen Sie genau, wie Ihre Ziel-

gruppe wann auf welchen Plattformen so angesprochen werden möchte, dass Ihre Information in den Köpfen der Zielgruppe bleibt.

- Candidate Personas machen Targeting einfacher und wirksamer: Look-a-like-Audiences sind in wenigen Klicks erstellt, die datenbasierten Personas als Hauptzielgruppe schnell erstellt, ganz ohne Raten oder Bauchgefühl. Gießkannen-Prinzip mit großen Streuverlusten: Vergangenheit!
- Datenbasierte Candidate Personas ermöglichen ein authentisches Verständnis der Zielgruppe – die Basis für zielgruppengerechte Copytexte.
- Die Bildsprache von Ads kann dank datenbasierter Personas optimiert werden, denn: Sie wissen ja, was die Zielgruppe sehen will.
- Datenbasierte Candidate Personas helfen, Kosten und Aufwand beim Marketing zu sparen: Passgenaue Briefings ohne Missverständnisse und klare Copys dank fundiertem Zielgruppenbild. Sie wissen genau, was Ihre Bewerber wollen. So geht Candidate Centricity.
- Personas ermöglichen erfolgreiches organisches Social Media.
  - Mit Candidate Personas können Social Media Kennzahlen einfacher definiert werden.
  - Zeiten und Inhalte lassen sich mit Personas leichter festlegen.
  - A/B-Tests für Social Ads sind mit Personas einfach umsetzbar.
  - Social Media Marketing mit Personas gelingt effizienter und effektiver.

Weiterführende Literatur

1. Alpgar, A., Koczy, M., & Metzen, M. (2015). *SEO – Strategie, Taktik und Technik*. Springer Gabler.
2. Bauer, C., & Bensmann, P. (2017). Markenkonforme Social-Media-Strategie für kleine und mittelgroße Organisationen. *HMD, 54*, 838–850. https://doi.org/10.1365/s40702-017-0338-x.
3. Case, A. (2022). *Make search engine rankings easy. Combo guide to keyword research and SEO link-building for beginners*. Kindle Unlimited.
4. Grigsby, M. (2016). *Advanced customer analytics: targeting, valuing, segmenting and loyalty techniques*. Kogan Page.

5. Nussbaumer K. C. (2015). *Storytelling with data: a data visualization guide for business professionals.* Wiley.
6. Kreutzer, R. T. (2018). *Social-Media-Marketing kompakt.* Springer Gabler.
7. Shpak, N., Kuzmin, O., Dvulit, Z., Onysenko, T., & Sroka, W. (2020). Digitalization of the marketing activities of enterprises: case study. *Information, 11*(2), 109.
8. Stevenson, P. D., & Mattson, C. A. (2019). The personification of big data. *Proceedings of the Design Society: International Conference on Engineering Design, 1*(1), 4019–4028.
9. del Vecchio, P., Mele, G., Ndou, V., & Secundo, G. (2018). Creating value from social big data: Implications for smart tourism destinations. *Information Processing and Management, 54*(5), 847–860.
10. Williams, K. L. (2006). Personas in the design process: a tool for understanding others. Ph.D. Thesis, Georgia Institute of Technology. 11

14

Bestcase: Telekom

Active Sourcing mit datenbasierten Skillsets Warum der IT-Bereich datenbasierte Personas an ihre Grenzen bringen und was die Deutsche Telekom stattdessen einsetzt, um offene Stellen zu besetzen? Das hat uns Bettina Starkmann beantwortet. Sie verantwortet als Squad Lead im Tribe Employee Journey das Thema Active Sourcing.

Warum arbeitet die Telekom im Recruiting datenbasiert und wie?
Der Bedarf an tech und digitalen Skills steigt, unabhängig von der Industrie. Dies führt dazu, dass Recruiting-Instrumente aus der Vergangenheit nicht mehr (so gut) funktionieren. Nachdem unser Bedarf an tech und digitalen Skills stetig wächst und gleichzeitig das Angebot am Arbeitsmarkt begrenzt ist, setzen wir verstärkt auf datenbasierte Instrumente und Prozesse im Recruiting.

Wenn wir uns außerhalb des IT-Umfeldes bewegen, arbeiten wir im Recruiting oftmals mit datenbasierten Personas und bekommen somit den Bedarf meist gut gedeckt. Geht es allerdings um den IT-Bereich und darum, Mitarbeitende mit mehr als fünf Jahren Berufserfahrung zu gewinnen, ist der Rücklauf der Bewerber*innen sehr gering – ob ich hier mit Personas arbeite oder nicht. Je senioriger die Position ist, die

S. Rippler, *Das Persona-Prinzip*, https://doi.org/10.1007/978-3-658-38979-6_14

es zu besetzen gilt, desto geringer ist oftmals die Bewerber/innenanzahl. Das liegt vor allem daran, dass die Menschen in der Regel einen Job haben und nicht aktiv auf Jobsuche sind. Demzufolge setzen wir bei der Ansprache dieser Zielgruppe nicht auf klassisches Recruiting, sondern auf Active Sourcing.

Wie kann ich mir das vorstellen? Und welche Rolle spielen Daten dabei?
Ein Team von rund 15 Personen arbeitet als interne Head Hunter. Das bedeutet: Wir bekommen den Bedarf von dem Team Recruitment gemeldet und die Active Sourcer übernehmen die Kandidatensuche. Die Active Sourcer führen zunächst ein Briefing mit der Führungskraft durch, in dem sie viele Fragen stellen, um den Bedarf bestmöglich zu verstehen und demnach zielgerichtet nach geeigneten Kandidat/innen suchen können, u. a.:

- Handelt es sich um eine neue Position oder hat jemand das Team verlassen?
- Wie sieht das Team im Zielzustand aus?
- Welche Aufgaben und Anforderungen sind an die Funktion geknüpft?
- Welche Technologien werden in dem Tätigkeitsbereich eingesetzt bzw. in welcher IT-Umgebung bewegt sich das Team?
- Wie sind die Entwicklungsmöglichkeiten in dieser Position?

Die Active Sourcer sammeln so vorab viele Informationen, die sie den potenziellen, neuen Mitarbeitenden ungefragt an die Hand geben können. Das ist wichtig, um bei diesen Kandidaten*innen Interesse und Gesprächsbereitschaft zu wecken, da sie ja nicht aktiv auf Jobsuche sind.

Wie geht es dann weiter?
Im nächsten Schritt kommen Daten ins Spiel, um die Suche der Active Sourcer und deren Vorgehen zu spezifizieren und die Erwartungs-horizonte von Fachbereich, Recruiting und Active Sourcing zu harmonisieren. Diese stammen hauptsächlich vom Marktforschungs-

unternehmen Gartner: Mit ihrer Datenplattform „TalentNeuron" liefert das Unternehmen uns datenbasiert Antworten auf Fragen, wie:

* Wie sehen Demand und Supply für dieses Profil aus?
* Welche Skills sind mit diesem Profil am Markt verbunden?
* Wo finden wir am ehesten potenzielle Mitarbeitende, die über dieses Skillset verfügen?
* Was sind marktübliche Gehälter?
* Wie hoch ist die Konkurrenz?
* Wie lange wird durchschnittlich nach diesem Skill am externen Markt gesucht?

Basierend auf den Informationen aus dem Fachbereich und den Daten von Gartner geht dann die Suche los?
Genau. Wir nutzen ein eigenes Talente-Netzwerk, das wir im Laufe der Zeit aufgebaut haben. Aber auch LinkedIn und XING setzen wir gezielt ein, weil wir über diese Kanäle sehr viele Personen mit relevanten Profilen erreichen können. Unsere Active Sourcer stellen einen Pool aus potenziellen Kandidat/innen zusammen, die zu den gesammelten Daten und dem datenbasierten Skillset passen. Dann schreiben sie die Personen an – mit einer individuell auf das Profil angepassten Nachricht. Wenn der Kandidat/die Kandidatin interessiert ist, gehen wir ins Gespräch. Mittlerweile nutzen einige Personen diese Chance, um ihren eigenen Marktwert festzulegen, auch wenn das Interesse an einem Jobwechsel relativ gering ist. Deswegen gilt: Wir müssen uns verkaufen! Es ist nicht mehr umgekehrt – tatsächlich sind wir als Unternehmen jetzt in der Position des Bewerbers. Wenn wir aufgrund des Gesprächs und detaillierter Rückfragen das Gefühl haben, der/die Kandidat/in ist tatsächlich an unserem Job interessiert und bereit, in unser Unternehmen zu wechseln, geben wir den Kontakt weiter an das Recruiting-Team. Das Team entscheidet dann, ob die Person es auf die Short-List und somit in den Bewerbungsprozess schafft.

Was, wenn nicht?
Dann fragen wir genau nach, warum die Person nicht passt, um unsere Suche neu justieren zu können. Mit den neuen Skillanforderungen

gehen wir erneut auf die Suche. Wir suchen nach wie vor im ersten Schritt ausschließlich nach dem Skill-Profil der Kandidat*innen und orientieren uns dabei nicht an Personas, sondern an Kenntnissen. Denn das Skillset ist in der IT-Branche – neben dem Mindset der Kandidat*innen – das Entscheidende.

Heißt: Sie reduzieren die Persona im Prinzip auf ein datenbasiertes Skillset, weil das entscheidend für die Einstellung ist.
Genau. Ich denke, der Einsatz von Personas macht vor allen bei Universitäts-Absolvent*innen viel Sinn. Von der Persona ausgehend, kann man passende Kandidat*innen finden, die sich im Unternehmen die nötigen Kenntnisse aneignen und entwickeln können. Aber wir suchen Profis mit Fachkenntnissen und Arbeitserfahrung, die rar sind. Im IT-Bereich kommen wir an Active Sourcing auf Basis von datenbasierten Skillsets, eigenen Erfahrungen aus dem Fachbereich und Marktanalysen von Gartner nicht vorbei. Aber auch der „Cultural Fit" darf in der Entscheidungsfindung nicht außeracht gelassen werden, um eine nachhaltige Besetzung zu gewährleisten.

Woher kommen die Gartner-Daten?
Gartner bezieht ihre Daten aus mehr als 65.000 verschiedenen Datenpunkten: öffentlichen Studien, Jobbörsen, Behördendaten – um nur einige zu nennen. Gartner analysiert Millionen von Datensätzen und kann dank derer sagen, wie beispielsweise ein Data Scientist in Deutschland genau definiert wird und welche Skills er in Deutschland typischerweise haben muss. Das mag in England etwas anders aussehen. Zusammengefasst sind die Skillsets eine repräsentative Abbildung des Marktes, die über eine Auswertung von Stellenprofilen in Jobbörsen und Ausschreibungen zusammengestellt werden. Unser Ausgangspunkt ist immer die Stellenbeschreibung des Fachbereichs. Der Fachbereich weiß genau, was es braucht. Das kombinieren wir mit dem datenbasierten Skillset von Gartner und den Marktdaten, um den Active Sourcer für ein Briefing mit dem Fachbereich und Recruiting-Team optimal vorzubereiten.

Wie sehen die Erfolge dieser Vorgehensweise aus?

Dank dieser Daten können wir beim Active Sourcing mit einer Response Rate von etwa 30 % rechnen. Der IT-Markt ist sehr umkämpft: Das geht sogar so weit, dass wir in Gesprächen mit Kandidat/innen gebeten werden, eine Excel-Datei auszufüllen, damit sie dann entscheiden, ob die Stelle für sie interessant sein könnte. Wie vorhin schon gesagt, dreht sich unsere Rolle dahingehend, dass wir die Bewerber wurden.

Customer Centricity ist zum Buzzword geworden – auch im Recruiting. Datenbasiertes Arbeiten ist eine Grundlage dafür. Was noch?

Customer Centricity ist für die Telekom eines der Top-Themen. Wir haben Millionen von Kund*innen und die stehen immer an erster Stelle. Wir sagen im Recruitment: „Wenn sich jemand bei uns beworben hat und nicht zum Zuge kommt, muss der- oder diejenige noch Kunde oder Kundin der Telekom sein wollen, auch wenn auf den Job bezogen eine Absage kommt." Wir sind in unserer Kommunikation fair, transparent, offen und wertschätzend – gegenüber allen Kund*innen: Den Endkund*innen mit z. B. einem Telefonanschluss, den Führungskräften, die unsere Kund*innen im Recruiting sind, den Bewerbenden und allen Mitarbeiter*innen gegenüber, die unsere Endkund*innen im Personalbereich sind.

Customer Centricity im Recruiting heißt für mich auch, dass unsere Recruiting Consultants unsere Führungskräfte auf die Realitäten des Marktes vorbereiten. Viele von ihnen haben sich das letzte Mal vor zehn Jahren beworben. Die hören zwar „Der Markt hat sich verändert.", aber wissen nicht, wie schwierig es wirklich ist.

Wir müssen uns Profile innerhalb von 48 h ansehen und reagieren, sonst ist dieser Mensch weg – denn wenn jemand mit uns spricht, spricht er oder sie auch mit anderen.

Die Active Sourcer sind die Schnittstelle zu den passiven Kandidat/innen. Die Recruiter sind die Bezugspersonen zur Führungskraft. Da kann Customer Centricity durchaus auch mal heißen, dass ein Recruiter der Führungskraft sagt: „So machen wir es nicht – das wird so nicht zum Erfolg führen oder es dauert ein Jahr, bis die Stelle auf diesem Weg besetzt werden kann." Und wir zeigen Alternativen auf, die datenbasiert Erfolg versprechen, etwa den Ratschlag, die Anforderungen zu senken, an einem anderen Standort zu suchen, das Gehalt anzupassen oder ähnliches. Eben alles, damit wir die Stellen möglichst schnell besetzen können. Das ist unser aller Ziel.

Das Thema Customer Centricity heißt für Sie im Recruiting also hauptsächlich Führungskräfte mit Top-Beratungsleistung die Realität des Marktes ins Unternehmen spiegeln und sie bestmöglich bei der Stellenbesetzung zu unterstützen?

Genau. Unsere Führungskräfte sollen idealerweise sagen: „Ich habe hier zehn Stellen zu besetzen. Zum Glück ist mein Recruiting Consultant gerade durch die Tür gelaufen und wird mich jetzt durch den Prozess führen."

Und dazu gehört es auch, ehrlich zu sein und sich der eigenen Kompetenzen im Klaren zu sein: Suchen wir einen SAP-Consultant, raten wir beispielsweise: „Da gehen wir gleich zum Head Hunter". In anderen Fällen heißt es von uns: „Das ist definitiv ein Fall für Active Sourcing" oder aber wir fragen im eigenen Netzwerk nach.

Die Recruiter müssen also neben der Realität des Bewerbenden-Marktes den ganzen Tool-Mix beherrschen, um gemeinsam mit der Führungskraft eine bestmögliche Strategie zur Stellenbesetzung zu entwickeln.

Kein Bauchgefühl vermitteln, sondern datengetrieben arbeiten: Seit wann tun Sie das?

2018 haben wir unsere Kooperation mit Gartner geschlossen. Das war erstmal ein neues Tool für uns, das einige mit etwas Skepsis betrachtet haben und sich gefragt haben: „Was kann es denn überhaupt?". Heute ist es eine unserer wichtigsten Daten- und Wissenstankstellen, um Führungskräfte bei der Besetzung offener Stellen optimal zu begleiten (Abb. 14.1, 14.2, 14.3 und 14.4).

Skillset per Focus Profile

Abb. 14.1   Ein Beispiel für ein datenbasiertes Skillset der Deutschen Telekom

TalentNeuron – Hiring Manager Report

DevOps Engineer CI/CD

DevOps Engineer CI/CD

View results in browser

Results for

Germany ⓒ ⓐ ⓘ
Darmstadt MSA, HE ✓, Software Developers, Applications ✓, Implementing ⊙, GitLab ⊙, Planning ⊙,
Bilingual German ⊙, SonarQube ⊙, Scaled agile framework ⊙, Telecommunications industry ⊙, OpenShift ⊙,
Innovation ⊙, Agile software development ⊙, Agile delivery ⊙, Databases ⊙, Digital transformation ⊙, AWS ⊙,
Agile ⊙, Docker ⊙, Kubernetes ⊙, Microsoft Azure ⊙, Microservices ⊙, Kanban method ⊙, Operations ⊙, DevOps ⊙,
Automation ⊙, Scrum methodology ⊙

Key position stats

			📖	
Hiring difficulty	Expected salary	Supply	Demand	Relative supply
Difficult - 8	€103,750	1,140	172	Very low

1

Gartner.

Abb. 14.2   Beispiel für ein Data-Set von Gartner, S. 1

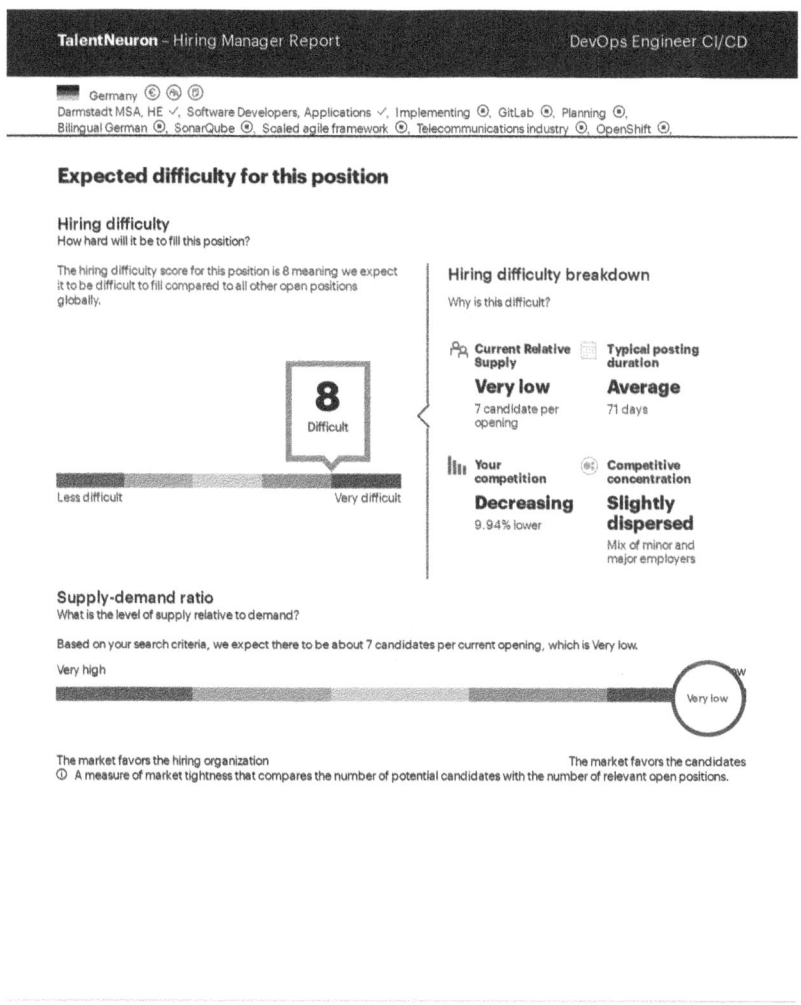

Abb. 14.3   Beispiel für ein Data-Set von Gartner, S. 2

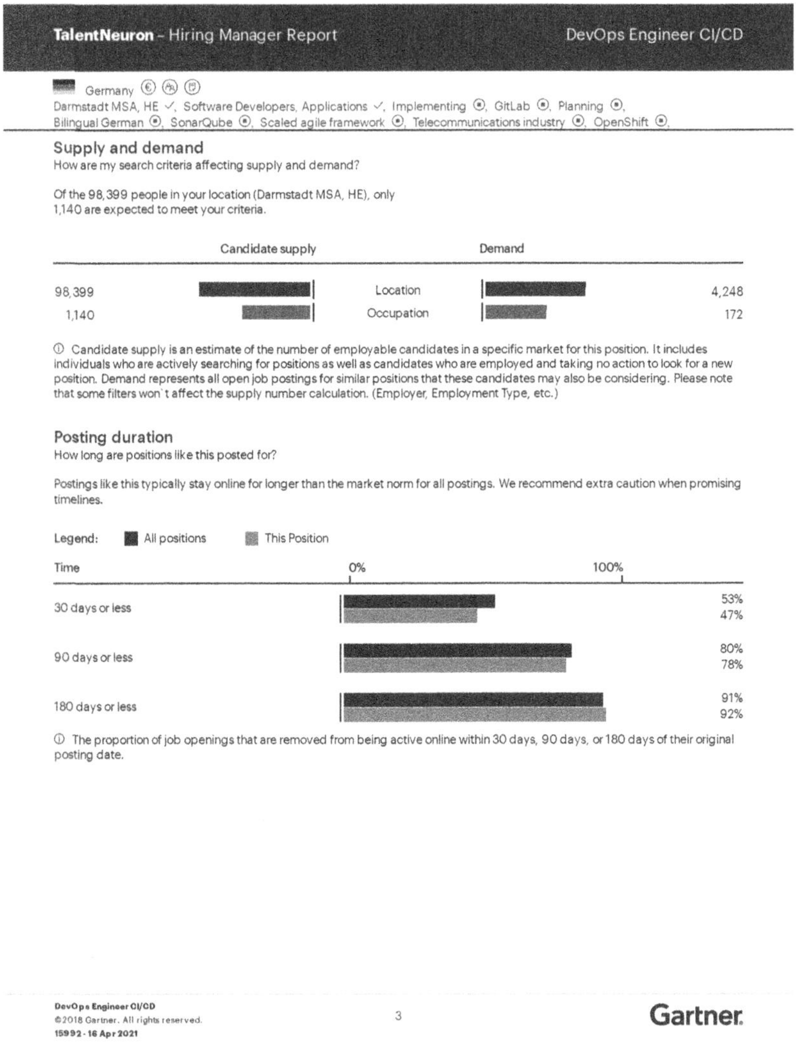

TalentNeuron - Hiring Manager Report DevOps Engineer CI/CD

Germany
Darmstadt MSA, HE ✓, Software Developers, Applications ✓, Implementing ⦿, GitLab ⦿, Planning ⦿,
Bilingual German ⦿, SonarQube ⦿, Scaled agile framework ⦿, Telecommunications industry ⦿, OpenShift ⦿,

Supply and demand

How are my search criteria affecting supply and demand?

Of the 98,399 people in your location (Darmstadt MSA, HE), only
1,140 are expected to meet your criteria.

Candidate supply		Demand
98,399	Location	4,248
1,140	Occupation	172

ⓘ Candidate supply is an estimate of the number of employable candidates in a specific market for this position. It includes individuals who are actively searching for positions as well as candidates who are employed and taking no action to look for a new position. Demand represents all open job postings for similar positions that these candidates may also be considering. Please note that some filters won`t affect the supply number calculation. (Employer, Employment Type, etc.)

Posting duration

How long are positions like this posted for?

Postings like this typically stay online for longer than the market norm for all postings. We recommend extra caution when promising timelines.

Legend: All positions This Position

Time	All positions	This Position
30 days or less	53%	47%
90 days or less	80%	78%
180 days or less	91%	92%

ⓘ The proportion of job openings that are removed from being active online within 30 days, 90 days, or 180 days of their original posting date.

DevOps Engineer CI/CD
©2018 Gartner. All rights reserved.
15992 - 16 Apr 2021

3

Gartner.

Abb. 14.4 Beispiel für ein Data-Set von Gartner, S. 3

15

Persona-Fachbegriffe einfach erklärt

Entwickelt man datenbasierte Candidate Personas, wimmelt es von Methoden, Werkzeugen und Theorien. Dieses Glossar erklärt sie kurz und verständlich.

Wichtige Begriffe

Persona/Buyer Persona/Candidate Persona Als Persona oder Buyer Persona bezeichnet man einen stereotypischen Stellvertreter einer Zielgruppe. Anders gesagt: Personas sind fiktive Persönlichkeiten, die stellvertretend für eine reale Gruppe von Menschen stehen. Personas sollten immer auf Daten zur Zielgruppe basieren, um lebendig und passgenau zu sein. Im Englischen wird häufiger der Begriff Buyer Persona verwendet. Personas, die Bewerbende repräsentieren, werden Candidate Personas genannt.

Personas helfen, verschiedene Unternehmensprozesse besonders zielgruppengerecht auszurichten, z.B. Recruiting, Employer Branding, aber auch Produktentwicklung, Marketing etc.

Ad-hoc Persona Als Ad-hoc Personas bezeichnet man Personas, die auf Grundlage des aktuellen Verständnisses des Nutzers bzw. Kunden erstellt werden. Sie basieren also auf Annahmen und Erfahrungswerten – ohne fundierte Datenbasis. Ad-hoc-Personas sind oft der erste Schritt zu datenbasierten Personas. Im zweiten Schritt werden die Annahmen überprüft – anhand von Daten. Sie werden auch Proto-Personas genannt.

Daten für datenbasierte Personas Daten für datenbasierte Personas sind Informationen in numerischer oder qualitativer Form. Qualitative Daten sollten für die Persona-Erstellung in messbare numerische Daten umgewandelt werden. Das nennt man „Codierung".

© Der/die Autor(en), exklusiv lizenziert an Springer Fachmedien Wiesbaden GmbH, ein Teil von Springer Nature 2022
S. Rippler, *Das Persona-Prinzip,* https://doi.org/10.1007/978-3-658-38979-6_15

Welche Daten sinnvoll für die Persona sind, variiert von Fall zu Fall. Relevante Daten können z.b. sein: demografische Daten, (Charakter-)Eigenschaften, Verhaltensweisen, Mediennutzungsverhalten, Hobbys, Einstellungen, Daten zur Candidate Journey, Pain-Points, etc.

Datenbasierte Persona Datenbasierte Personas sind Stellvertreter einer Zielgruppe. Sie basieren auf gesammelten Daten über die Zielgruppe, z.b. aus eigenen Erhebungen, Erfahrungen mit Kunden, Analysetools sowie wissenschaftlich erhobenen Daten, etwas aus repräsentativen Studien und Co.

Negative Persona Im Gegensatz zur gewöhnlichen Persona bildet die negative Persona die Personen ab, die ein Unternehmen nicht erreichen will – etwa Bewerbende, die aus unterschiedlichsten Gründen nicht ins Team oder zum Unternehmen passen. Sie sind gekennzeichnet durch demografische Merkmalen, Verhaltensweisen und Eigenschaften, die im Gegensatz zu den idealen Nutzern stehen.

Persona-Analyse Als Persona-Analyse bezeichnet man den Prozess der Datenanalyse zur Erstellung einer datenbasierten Persona. Er findet auf der Grundlage der Interpretation und Evaluierung aussagekräftiger Muster in den Kundendaten statt.

Persona-Profil/Persona-Sedcard Als Persona-Profil oder auch Persona-Sedcard wird eine steckbriefartige Übersicht über die Persona beschrieben. Meist sind auf 1-2 Seiten die wichtigsten Daten rund um die Persona zusammengefasst. Zudem bekommt die Persona einen Namen und ein Bild bzw. Foto. Das ermöglicht einem, schnell in die Welt der Persona einzutauchen, um alles, was man tagtäglich tut aus dem Blickwinkel des Kunden – in unserem Fall – dem der Bewerbenden betrachtet.

Persona Template Als Persona Template bezeichnet man ein Layout für die Persona-Sedcard, mithilfe dessen ein Persona-Profil erstellt werden kann. In diese Vorlage können dann Name, Bild und Daten der Persona eingetragen werden.

Quantitativer Ansatz Beim quantitativen Ansatz handelt es sich um eine Methode der Datenerhebung, die hauptsächlich auf Zahlen und Statistiken basiert. In der Regel handelt es sich um eine große Menge von Menschen, die damit abgebildet wird. Die Analyse der Daten erfordert statistische Kenntnisse.

Qualitativer Ansatz Beim qualitativen Ansatz handelt es sich um eine Methode der Datenerhebung, die vorwiegend auf einzelnen Wortlauten basiert. Hier wird in der Regel nur eine kleine Menge von Menschen abgebildet, z.B. mithilfe eines Tiefeninterviews. Dieser Ansatz ist nützlich, um Konzepte, Gedanken und Entscheidungen von Personen nachzuvollziehen. Eine statistische Analyse der Daten kann erfolgen, wenn die Ergebnisse in numerische Einheiten umgewandelt („codiert") werden.

Segmentierung Segmentierung bedeutet, dass die Population eines Marktes auf der Grundlage gemeinsamer Merkmale in kleinere, homogene Einheiten unterteilt wird. Auch Zielgruppen können segmentiert werden, z.B. nach Kaufgründen.

Zielgruppe Als Zielgruppe wird die Menge der potenziellen und vorhandenen Kunden bezeichnet, die ein Unternehmen erreichen will.

User Story Als User Story bezeichnet man eine kurze Geschichte oder Abhandlung darüber, was der Nutzer bzw. Bewerbender will. Eine User Story sollte wenig detailliert sein und kurz die Gedanken des Kunden zusammenfassen. User Stories helfen dabei, Denkweise, Herausforderungen und Probleme des Bewerbenden zu verstehen.

Customer Centricity/Candidate Centricity Bei der Customer Centricity – in unserem Fall auch Candidate Centricity genannt – geht es darum, den Nutzer bzw. Bewerbenden besser kennenzulernen und verstehen zu wollen, um alles operative Handeln aus Sicht des Bewerbenden zu denken. Das Ziel: Benutzerfreundliche Systeme, Abläufe, Dialoge oder passgenaue Inhalte für den Bewerbenden entwickeln. Candidate Personas helfen, ein besseres Verständnis für den Bewerbenden zu bekommen.

Candidate Journey Als Candidate Journey bezeichnet man den Weg („Journey"), den Bewerbende („Candidate") durchläuft, bis es zur Einstellung/zum Onboarding kommt.

Content Marketing Beim Content-Marketing handelt es sich um eine Marketing-Strategie, bei der mithilfe von informierenden oder unterhaltenden Inhalten die Zielgruppe angesprochen werden soll. Ziel ist es, die Zielgruppe vom eigenen Unternehmen zu überzeugen, die Markenbekanntheit zu erhöhen oder Bewerbende zu gewinnen.

Leads Der Begriff „Lead" wird in Vertrieb und Marketing verwendet. Dort bezeichnet er einen Kontakt, der zwischen einem Interessenten und dem Unternehmen besteht. Dabei überlässt der Interessent bzw. der potenzielle Kunde dem Unternehmen seine Kontaktdaten.

Interne Kommunikation Interne Kommunikation bezeichnet die verbale und nonverbale Kommunikation innerhalb eines Unternehmens oder einer Organisation. Dabei geht es in der Regel um die Organisation bestimmter Abläufe, Verbreitung von Informationen sowie Austausch untereinander.

Touchpoints Als Touchpoints werden Orte und Momente bezeichnet, an denen Personen – in unserem Fall Bewerbende – mit Unternehmen in Berührung kommen – zu Deutsch: Berührungspunkte. Ein Beispiel dafür ist die Fernsehwerbung für das Unternehmen. Bei allen Zuschauern entsteht ein Touchpoint.

KPIs KPI steht als Abkürzung für „Key Performance Indicator". Als KPIs werden Schlüsselkennzahlen bezeichnet, die eine bestimmte Leistung messen bzw. widerspiegeln. Sie dienen meist als Zielvorgaben bzw. zur Erfolgsmessung. Eine typische KPI für den Traffic einer Website sind z.B. die täglichen Besucher; eine KPI für Social Media wären die Likes eines Beitrags usw.

Contextual Inquiry Der Contextual Inquiry ist eine Methode zur Erhebung von Bewerbendendaten. Dabei geht es darum, den Bewerbenden im Alltag zu treffen. Das Unternehmen stattet dem Bewerbenden einen „Hausbesuch" ab und beobachtet ihn/sie und interviewt ihn/sie zu ihrem Bewerbungsverhalten.

Candidate Journey Map Die Candidate Journey Map bildet die Candidate Journey – also den Weg, den Bewerbende vom Erstkontakt mit dem Unternehmen bis zur Einstellung und dem Onboarding durchläuft – als lineares Modell ab. Meist sind Candidate Journey Maps ähnlich wie eine Landkarte gestaltet, daher auch der Name „Map".

SEO SEO steht für „Search Engine Optimization" oder zu Deutsch: „Suchmaschinenoptimierung". Bei SEO geht es darum, eine Website so zu optimieren, dass sie in den gängigen Suchmaschinen – allen voran Google – schnell gefunden wird. Dabei werden bestimmte Schlagworte (sog. Keywords) verwendet, die häufige oder relevante Suchanfragen repräsentieren. Ziel ist es, dass bei einer relevanten Suchanfrage die eigene Website oder eine Unterseite besonders weit oben in den Suchergebnissen der Suchmaschine erscheint. So soll beispielsweise ein Bäcker, der sich in Nähe des Kölner Doms befindet, gefunden werden, wenn jemand „Kölner Dom Bäcker" in das Suchfeld eingibt. Wie Personas bei SEO helfen, erklärt das vorangegangene Kapitel.

Performance Marketing Performance Marketing umfasst alle Marketing- und Werbemaßnahmen mit klar messbarer Leistung. Die Ziele müssen also datenbasiert und mithilfe verschiedener KPIs eindeutig erfassbar sein. Wie Personas beim Performance-Marketing helfen, erklärt das vorangegangene Kapitel.

Targeting Targeting ist der englische Begriff für die präzise Zielgruppenansprache im Online-Marketing. Die Basis eines guten Targetings ist die genaue Zielgruppenbestimmung im Vorfeld – etwa basierend auf einer datengetriebenen Candidate Persona.

Candidate Personas Candidate Personas sind wie „normale" Personas stereotypische Stellvertreter einer Zielgruppe – mit dem Zusatz, dass es sich hier um Zielgruppen im Karriere-Kontext dreht. Candidate Personas werden genutzt, um passende Mitarbeitende und Bewerbende zu finden und diese zielgruppengerecht anzusprechen.

Persona-Narrativ Als Persona-Narrativ bezeichnet man eine schriftliche Beschreibung einer Persona. Durch passende Storytelling-Techniken wirkt die Persona damit besonders lebendig.

Bedürfnisgruppen Eine Gruppe Menschen mit den gleichen Bedürfnissen.

The manufacturer's authorised representative in the EU is Springer Nature Customer Service Centre GmbH, Europaplatz 3, 69115 Heidelberg, Germany. If you have any concerns regarding our products, please contact ProductSafety@springernature.com

Printed and bound by CPI Group (UK) Ltd, Croydon, CR0 4YY

24/04/2026

02096351-0007